아버지의
　　　상
　　　자

VATERS KISTE. Eine Geschichte über das Erben by Lukas Bärfuss
Copyright © 2022 by Rowohlt Verlag GmbH, Hamburg
Korean Translation © 2023 by MARACAS Publishers
All rights reserved.

The Korean language edition is published by arrangement with
Rowohlt Verlag GmbH through MOMO Agency, Seoul.

이 책의 한국어판 저작권은 모모 에이전시를 통해
Rowohlt Verlag GmbH사와 독점 계약한 마라카스에 있습니다.
저작권법에 의해 한국 내에서 보호를 받는 저작물이므로
무단전재와 복제를 금합니다.

VATERS KISTE

아버지의 상자

가족, 혈통,
상속에 대한 도발

루카스 베르푸스 | 박종대 옮김

LUKAS BÄRFUSS

일러두기

1. 독자들의 이해를 돕기 위하여 한국어판에서는 장을 나누고 장제를 달았다.
2. 본문의 주는 모두 옮긴이 주다.

목차

추천의 글
당신의 상자 (문학평론가 박혜진) ——— 007

이야기의 시작 ——— 016

누가 나의 가족인가? ——— 037

종의 기원 ——— 063

이름 사용법 ——— 091

쓰레기에 관한 고찰 ——— 102

상속자들을 생각하며 ——— 115

참고문헌 ——— 136

출처 ——— 139

추천의 글

당신의 상자

박혜진(문학평론가)

한 계절에 한 번쯤 부모님 댁에 간다. 부모님이 사는 곳과 내가 사는 곳은 130킬로미터 정도 떨어져 있다. 마음만 먹으면 더 자주 못 갈 거리는 아니지만 마음을 먹는다고 해서 곧장 행동으로 옮겨질 수 있을 만한 거리도 아니다. 아무튼 계절이 바뀔 때가 되면 부모님 집에 가고, 올해도 봄이 올 때쯤 부모님을 찾았다. 한때는 부모님도 이런 내 무심함에 서운함을 내비치셨던 것 같지만 이제는 물리적인 거리감과 심리적인 거리감 사이 어디쯤에서 우리의 적정 거리에 대한 암묵적 규칙이 합의되었다고 느낀다. 물론 합의라는 말에 부모님은 동의하지 않으실

지도 모르겠다.

부모님과는 스무 살이 되면서부터 떨어져 지냈다. 내가 대학을 서울로 오면서 분리될 수 있는 명분이 생겼다. 당시 내게는 서울에 있는 대학에 간다는 사실보다 가족으로부터, 또 내가 살고 있는 지역사회로부터 벗어나는 것이 더 갈급한 목표였던 것 같다. 거기에 무슨 대단한 상처가 있었던 것은 아니나, 그 모든 환경이 결코 더 머무르고 싶은 조건이 아니었던 것만큼은 확실하다. 당시 외부로부터 주입된 모든 정보가 '더 좋은 것은 서울에 있다'고 말해주었으니까. 스물아홉 살이 되면서는 경제적으로도 완전한 독립을 이루었다. 경제적으로 독립한다는 것은 내가 나의 세대주가 된다는 것이고, 세대주가 된다는 것은 나의 독립에 대한 행정법상 분리를, 즉 독립에 관한 공증을 의미했다.

그로부터 8년이 지났다. 지난 입춘 무렵 부모님 댁에 갔다가 돌아오는 길, 내 차의 뒷좌석에는 돌 세 점이 나란히 실려 있었다. 그것은 아버지가 젊을 때, 그러니까 내가 아직 초등학교에 들어가지 않았을 때, 이름 모를 강 기슭에서 주워 보관한 이래 지금까지 근 30년 동안 우리 집에 함께하는 돌들이었다. 수석은 아버지의 화려한 취미생활이었고, 그걸 증명하듯 우리 집에는 언제나 책장

보다 돌장이 더 많았다. 누군가가 현금을 주고 돌들이 채워진 진열장을 통째로 사 가는 걸 본 적도 있는데, 아버지를 생각하면 돌 받침대를 만들기 위해 나무를 조각하던 굽은 등부터 생각나는 것도 그런 이유 때문일 것이다.

어린 시절부터 지금까지 그 돌들을 눈여겨본 적은 없었는데 이번엔 달랐다. 그 돌들 중 어떤 것을 이제부터 내가 소유해야겠다는 생각이 들었다. 말하자면 나는 이 돌들을 상속받고 싶었다. 이제 나와 함께하게 된 돌을 보면 순간순간 많은 장면들이 스쳐 지나간다. 강가에서 주운 돌을 제법 폼 나게 들고 서 있는 나와, 이 돌이 집에 가져갈 만한 것인지 아닌지를 확인받으려고 아버지 꽁무니를 쫓아다니던 나, 낙동강변을 흘러 다니던 우리 가족의 여행지 모두. 내가 그토록 독립을 원했던 것은 내가 소속된 곳으로부터 물려받은 것이 없어서가 아니라 어떤 것도 물려받을 것이 없다고 생각했기 때문이다. 그때 그 물려받는다는 것의 범주란 더 살펴볼 것도 없이 재산과 문화였다. 속된 범주화의 기준으로 볼 때 우리 집의 재산과 문화는 결코 물려주거나 물려받을 만한 것은 아니었다. 아니라고 생각했다.

그때 무가치해 보였지만 지금은 소중하게 여겨지는 그 돌은 그때 가난해 보였지만 지금 풍족하게 느껴지는 내 유년의 환경이자 가족이며 우리가 함께한 많은 날들에 대한 상징이다. 나는 이 결정이 나를 좀 더 연결된 사람으로 변화시켜 줄 것이라고 믿는다. 이 결정은 우리가 무엇을 공유하고 있는지, 우리가 어떤 의미의 가족인지를 인지하는 계기가 되었기 때문이다. 무엇보다 분리가 곧 독립은 아니며, 독립이 꼭 어른으로서의 필수 조건이나 기준은 아닐 수도 있다는 생각에 눈뜬 계기이기도 하다. 인간의 독립은 언제나 내면적 독립일 뿐, 서로가 서로에게 독립될 필요는 없으며 그럴 필요가 있다 해도 최소한으로만 그래야 할 것이다. 적어도 이 책을 읽는 사람이라면 누구나 이런 변화를 겪게 될 거라 생각한다. 이 무렵 나도 원고 상태의 이 책을 읽고 있었다. 이 글을 읽지 않았다면 상속에 관한 자기결정권에 대해 지금과 같은 생각을 시작하지 못했을 것이다.

*

『아버지의 상자』는 물려줄 것이라고는 갚지 못한 돈들에 대한 기록이 전부인 어느 남자와 그 불쾌하고 서글픈 흔적들을 상속받은 당사자인 아들에 관한 이야기로 시작한다. 찢어지게 가난한 집안에서 자라며 생존에 대한 몇 번의 고비를 넘기고 이제는 제법 성공한 소설가가 된 작가는 더 이상 누구에게서 무엇을 물려받는지가 자신을 정의하는 데 영향을 미치지 못하는 사람이 되었다. 물질적으로도 정신적으로도 누구에게 무엇을 빚지지 않은 상태에 이르자, 그는 자신이 지금껏 유예해왔던 일을 감행한다. 판도라의 상자를 꺼내어 볼 용기가 생긴 것이다. 그 속에는 아버지의 개인 파산 이후 빌려준 돈을 받을 길이 없어진 택시 회사, 유제품 가게, 전자제품 전문점 등 개인 채권자들이 보낸 우울하고 화난, 악의와 증오가 담긴 편지들이 뒤엉켜 있다. 이제 와 아버지의 상자를 연다는 것, 상자 속에서 그 우울한 편지들을 읽는다는 것은 무엇을 의미하는 걸까.

아버지의 상자를 열며 그는 비로소 아버지의 삶을 대면하게 된다. 사실 그는 객사한 아버지의 죽음을 애도할 기회를 원천적으로 봉쇄당할 수밖에 없었다. 시장경제 시스템에서 죽음이란 그의 빚이 상속인에게 떠넘겨진다는 것을 의미하기 때문이다. 일찍이 아버지는 돈을 빌렸고 빌린 돈을 갚지 못한 무능력자이자 물리적 죽음 이전에 사회적 사형을 선고받은 죄인이었다. 아버지는 법적으로는 자유가 되었을지 모르나 도덕적으로는 죽을 때까지 죄인이었고, 파산 선택과 무관하게 존속하는 그것은 아버지의 죽음 이후 아버지의 상자 속에서 존재하며 아들에게로 이어져왔다. 상속을 공식적으로 포기한 아들에게 그 돈을 변제해야 할 법적 책임은 없다. 그러나 죄의식만은 그가 상속 여부를 포기할 수 없는 유산이다. 그는 자신의 선택과 무관하게 아버지의 죄의식을 일정 부분 물려받는다. 그러나 아버지의 죽음이 채무자의 그것으로 환원되는 것이기만 할 리는 없다. 아버지에게는 그의 삶이 있었을 것이고, 이 책은 현대 상속법이 범주화하는 가족과 그 기반을 중심으로 하는 편협한 정의들 바깥으로 도주함으로써 아버지를 채무와 변제로 환원되지 않는 실존으로 재구성한다.

그 과정에서 그가 이의를 제기하는 모든 사항은 비단 자신의 가정사에 국한되지 않는다. 그의 개인사는 시대사의 결과였고, 이제 그가 쓰는 새로운 개인사는 새로운 시대사의 기점이 될 수도 있을 것이다. 기존의 범주를 따르기에 세상은 이미 너무나도 많이 변하고 있다. 세상은 언제나 변하고 있지만 요즈음 느끼는 변화는 어딘가 더 거시적이고 전복적인 데가 있다. 내게는 심증만 있던 이 변화를 두고 저자는 이렇게 확신한다. "이제 성공은 몰락을 의미한다." 가족이야말로 몰락한 성공의 이념이다. 이 책에서 가족은 스스로를 변호할 수 없는 궁지에 몰린다. 급기야 저자는 우리 사회가 이토록 엉망인 이유를 사회의 기본인 '가족'이 엉망이기 때문이라고 주장한다. 저자는 문학사적으로도 문화사적으로도 수없이 반복되었을 질문 앞에 우리를 세운다. 가족이란 무엇인가. 가족의 의미를 알고 싶다면 그 사회의 상속법을 보면 된다는 게 또한 이 작가의 지론이다. 상속은 가족의 개념과 범위를 가장 실증적인 방법으로 규정한다. 생물학적, 사회적, 문화적, 경제적, 정치적으로 규정된 범주로서의 가족은 그 개념이 얼마나 자의적이고 임의적인지, 이념의 집합체이며, 그럼으로써 허구적 구성물에 지나지 않는지 스스로 증명한다.

이 책에서 가족은 급진적이고 근본적으로 해체된다. 이념으로서의 가족, 특권으로서의 가족, 상속의 주체로서의 가족, 혈통에 대한 강박으로서의 가족뿐만 아니라 가족으로 대변되는 순차적 내러티브와 질서 중심 세계관까지 모조리. 가족은 끝났다. 적어도 어제의 가족은 이 책에서 더 이상 숨을 붙일 데가 없다. 작가는 우리에게 가족과 혈통에 대한 다른 문법과 다른 개념이 필요하다고 주장하고, 새로운 문법만이 새로운 세상을 읽어낼 수 있는 방법이라는 사실을 납득시킨다. 어떤 것은 상속되고 어떤 것은 상속되지 않는다. 어떤 것은 소유할 수 있고 어떤 것은 소유할 수 없다. 그러나 이 모든 것은 우리의 선택이 만든 결과일 뿐, 쓰레기를 상속할지 말지 결정할 수 있는 건 다름 아닌 우리 자신이며, 우리는 지금까지와는 다른 결정을 내려야 한다.

『아버지의 상자』는 현대 상속법을 통해 우리가 가진 것의 변화와 우리가 가질 것의 변화를 독창적으로 독촉한다. 가족이라는 이념에서 벗어나는 일은 상속에 대한 상상력을 변형할 수 있는 일이다. 어떤 것을 받아들이고 어떤 것을 거부하는 데에 필연은 없다. 우리는 우리가 선택한 것의 상속자가 될 수 있다. 저자가 물려받은 '아버지의 상자' 속에는 오로지 아버지가 남긴 빚의 흔적뿐이지만, 그가 진정 무엇을 물려받았는지는 그가 스스로 결정할 수 있다. 소유와 분배에 대한 새로운 이념을 촉구하는 이 책은 우리가 무엇을 물려받을 수 있고 무엇을 물려줄 수 있을지에 대한 다른 이야기를 시작한다. 중요한 것은 그 모든 것을 우리가 결정할 수 있다는 사실이다. 과연 우리 시대의 변화는 성공이 몰락을 의미하는 방식으로 진행되고 있고, 그것은 세계관의 변화라 부르기에 충분하다. 기원에 대한 매력적인 혁명서이자 미래에 대한 희망적인 예언서와도 같은 이 책이 그 출발점이 되어 줄 것이다.

*

  이 책을 읽으며 나는 내 상자를 꿈꾸기 시작했다. 이 상자에는 아버지로부터 물려받기로 작정한 돌도 있을 테지만, 그보다는 내가 이 세상에 무엇을 물려줄 수 있을지에 대한 고민이 담긴 사물들이 가득했으면 좋겠다. 이 책을 읽는 모두가 각자의 상자를 꿈꾸기 시작할 때, 한 치 앞을 알 수 없는 세상사의 변화들 앞에서도 조금은 용기를 낼 수 있을 것이다. 내가 가질 수 있는 것을 스스로 결정할 수 있는 사람들만이 꿈꿀 수 있는 용기를.

이야기의 시작

　방을 정리하다 보니 상자가 하나 남았다. 25년 전 산속 어느 침침한 집에서 뒤푸르 가街에 있는 집으로 옮겨와 뜯지도 않고 구석에 처박아두었다가 아르방엔 가, 그 다음에는 베르타 가로, 이사 때마다 갖고 다닌 물건이었다. 그 후로도 나는 이 상자를 로마 신 세 명의 이름을 딴 아폴로 가, 미네르바 가, 넵튠 가로 날랐고, 어느 뜨거운 여름날에 뮐레바흐로, 그러다 어느 날에 아질 가로, 몇 달 후에 비티코너 가로 짊어지고 갔다가 마침내 지금의 이 쓸 만한 집까지 끌고 왔다. 지금 그 상자가 내 앞에 덩그러니 놓여 있었다. 흔하게 구할 수 있는 델몬트 바나나 종이 상자. 나는 이것을 어떻게 처리해야 할지 아직 결정을 내리지 못하고 있었다.

아이들이 크면서 새로운 삶의 국면이 예고된 터라 공간이 필요했다. 집 안에는 지나간 시절이 남긴 부유물들이 놓여 있었다. 이제는 쓸모없고 사용도 하지 않는 물건을 잘 선별해서 버리거나 한곳에 보관해야 했다. 나는 하나하나 꼼꼼히 살펴보았고, 그 과정에서 내 삶의 소중한 사람들, 나의 성장기, 문학의 길로 첫걸음을 내딛던 순간, 내 인생의 전환점이었던 결혼과 출생, 질병, 이혼, 죽음과 맞닥뜨렸다. 그중에서도 특히 피할 수 없었던 건 나 자신과의 만남이었다.

언젠가는 나 역시 죽는다는 생각이 지금 이 집을 정리하는 데 얼마만큼 영향을 끼쳤는지는 정확히 모른다. 그리 오래되지 않은 일이다. 한 친구가 병이 났다. 한창때의 나이였음에도 손 한번 써보지 못하고 얼마 뒤 숨을 거두었다. 우리 집 남자들은 그리 오래 살지 못했다. 나도 곧 그 나이가 된다. 물론 내 인생이 종착점에 가까워지고 있다는 조짐은 아직 어디에도 없다. 내 건강 상태는 그럭저럭 괜찮다. 그럼에도 나는 고개를 갸웃거리며 스스로에게 묻는다. 내가 얼마 남지 않았음을 내 속의 무언가는 알고 있고, 그래서 이렇게 부산스럽게 집 정리에 나서라고 등을 떠민 것은 아닌가 하고. 내가 이런 고민과 걱정을 털어놓자, 의사는 정밀검사를 하고 나서 말했다. 나의 건강 상태는 나무랄 데 없다. 그저 약간 지쳤을 뿐이다. 무엇이든 그렇지만 집 정리도 과하다 보면 그런 생각이 들 수 있다. 그러니 마음을 편히 먹고 꾸준히 운동하고 이따금 휴식을 취하는 게 좋다. 그러지 않아도 사는 건 충분히 힘들다는 것이다.

나는 마음이 놓였다. 어쨌든 조금은. 하지만 그조차도 이 상자를 처리하는 문제에서는 전혀 도움이 되지 않았다. 이건 내 아버지라고 불리던 한 남자의 유일한 유품이었다. 어릴 적 내 주변 사람들 대부분이 그랬듯 이 남자도 거의 흔적 없이 사라져버렸다. 어머니 사진은 내게 대여섯 장밖에 남아 있지 않았고, 그건 아버지 사진도 마찬가지였다. 어린 시절의 나와 관련된 물건도 전혀 남아 있지 않았다. 단란한 가족 앨범도, 학창 시절 수업 시간에 만든 공작품도. 이따금 선생님들이 보내준 학급 사진이나 옛 공책이 전부였다. 그밖에는 없었다. 내 친척 중 이미 절반이 땅 밑에 누워 있는데도 나에게 남겨진 가구나 패물, 책은 단 하나도 없었다.

나는 청소년기의 일부를 일정한 거처 없이 길거리에서 보냈다. 집이 없는 사람은 서류를 갖고 다니지 않는다. 종이 쪼가리라고는 추운 겨울밤 스웨터 밑에 쑤셔 넣을 수 있을 만큼만 지니고 다니는 것이 전부다. 그 때문에 나의 어린 시절은 아주 적은 수의 파편들로 이루어져 있었고, 그중 하나가, 그것도 지극히 중요한 하나가 이 상자였다. 쓸모도 없고 쓰지도 않는 기이하고 이례적인 물건에 내 출신의 일부와 내 인생 이야기의 한 장章이 담겨 있었다. 그러나 나는 어떻게든 나의 출신이나 이야기에서 벗어나려고 안간힘을 썼기에 그것과의 대면을 오랫동안 피했다. 그 안에 뭐가 들었을지는 짐작하고 있었다. 어쨌거나 지난 25년 동안 그렇게 믿었고, 그러면서도 이 짐작이 맞는지 확인해볼 필요는 느끼지 않았다.

그랬던 내가 이제 위험한 호기심에 사로잡혔다. 상자의 말 없는 현존을 더는 견딜 수 없었기 때문이다. 내가 상자로부터 들은 것은 아버지에 대한 침묵이었다. 이 침묵이 언젠가 내 아이들에게까지 넘어가는 것은 원치 않았다. 그 상자에 마땅한 자리를 마련해줘야 했다. 그건 내 책임이었다. 그게 금고가 될지, 독극물 보관함이 될지, 쓰레기통이 될지는 알 수 없지만. 아무튼 상속은 나든 누구든 피해갈 수 없는, 언젠가는 맞닥뜨려야 하는 문제였다.

하지만 그것은 곧 내가 상자를 열고 내용물과 대면해야 함을 의미했다. 두려웠다. 이미 생각만으로도 거부감이 치밀어 올랐다. 이 상자와 연결된 나의 이야기 때문이었다.

25년 전 12월 나는 카메룬 북부, 차드 공화국 국경 인근의 와자 국립 자연보호 구역에 있었다. 대지에 먼지가 폴폴 날리는 건기였다. 마지막 비는 두 달 전에 내렸고, 다음 비는 반년 후에나 기대할 수 있었다. 나는 코끼리를 찾았고, 그 밖에 기린, 톰슨가젤, 그리고 떼 지어 움직이기에 위험한 물소도 보았으며, 사자의 흔적을 발견했다.

우리는 보르도 와인처럼 붉은 색깔의 오펠 카데트를 타고 이동했다. 그 지역에는 도저히 어울리지 않는 우스꽝스러운 차량이었지만, 그나마 그게 우리가 구할 수 있는 유일한 이동 수단이었다.

중년의 육중한 운전기사는 코감기에 걸렸는지 연신 코를 풀더니 휴지를 사바나에 그냥 버렸다. 그러다 보니 그가 머문 곳마다 하얀 쓰레기가 난무했다. 내가 환경의식으로 똘똘 뭉친 서유럽인의 오만함으로 기사의 부적절함을 지적하자 그는 작대기 하나를 집더니 바싹 마른 땅의 틈새에 휴지를 쑤셔 넣었다.

건기에는 사바나에 나무처럼 줄기가 단단한 마른 풀만 자랐다. 수 제곱킬로미터에 이르는 광활한 면적이었다. 평원 위 뜨거운 공기는 지평선에 크고 작은 성을 그려놓았다. 여기저기 덤불과 자귀나무가 있었고, 나무에는 박샛과의 히르제프레서가 광주리 모양 둥지를 틀었으며, 곳곳에 흰개미 집들도 눈에 띄었다.

어느 날엔가 우리 차에 펑크가 났다. 예비 타이어는 없었다. 결국 나는 아프리카 하늘 아래서 심하게 코를 고는 두 남자와 함께 오펠 카데트 안에서 불편한 밤을 보낼 수밖에 없었다. 멀지 않은 곳에서 사자 한 마리가 으르렁거렸다. 순간 나는 자동차 문을 잠그는 버튼을 눌렀다. 그러지 않으면 사자가 차 문을 열 수도 있을 거라는 황당한 상상에 스스로 웃음을 터뜨렸는지는 기억나지 않는다. 다행히 그 근처를 지나가던 차를 얻어 타고 한밤중에 무사히 리조트로 돌아올 수 있었다.

코끼리들이 이른 아침부터 지평선에 먼지구름을 일으키며 움직이고 있었다. 안내인은 오늘 중에 코끼리들이 물가에 도착할 거라고 장담했다. 그곳엔 대머리독수리들도 앉아 있었다. 다른 시대에서 와서 다른 시간을 사는 것처럼 보이는 이 위압적인 동물은 하늘을 날 땐 한없이 가볍다가, 어딘가 동물 사체가 눈에 띄어 땅에 내려앉을 때는 한없이 무거워 보였다.

이어 새끼들을 데리고 줄지어 지나가는 암소들이 내

앞에 나타났다. 잿빛 괴물이자 먹보 기계인 이들도 이 시기엔 먹을 게 없어 짚으로만 만족해야 했다. 이 피조물들은 나에게 더할 나위 없이 낯설어 보였고, 그런 낯섦이 나의 경탄과 황홀감을 부채질했다. 식민지를 정복했을 때의 감정, 무언가를 발견했을 때의 감정이 이와 같을지 모른다. 그러나 내가 스스로를 정복자나 발견자로 여긴 건 아니었다. 오히려 뭐하러 여기까지 왔는지 모르는 무명인에 더 가까웠다. 나는 고향 땅에서 상당히 멀리 떨어진 이곳에서 향수에 젖어 있었다. 고향에 나를 기다리는 사람도 없는데 말이다. 그곳에는 나를 기다리는 고용주도, 학교도, 부모도 없었다. 기껏해야 친구 몇이 있을 뿐. 그마저도 나 없이 한동안 잘 지낼 친구들이었다.

야영지는 썰렁했고, 숙소로 쓰는 움막은 텅 비어 있었다. 나는 그날 저녁 그곳의 유일한 손님이었다. 한참이 지나도 관광객은 보이지 않았다. 안전하지 않은 지역이었다. 식사 후 나는 바위 위에 걸터앉았다. 머리 위에는 별이 총총했고, 공기는 맑았으며, 생전 처음 보는 은하수가 흘렀다. 이 풍경 한가운데에 작가가 되겠다고 결심했지만 어떻게 해야 작가가 될 수 있는지는 전혀 모르는 한 작은 유럽인이 앉아 있었다. 신비스러운 방식으로 나와 우주가 연결되는 고독의 순간이었다. 우주의 각 부분, 그러니까 별, 지구, 사람, 동물 모두가 그 순간 나만큼 외로워 보였다.

그날 밤 정확히 무슨 일이 있었는지는 기억나지 않는다. 다만 여기서의 시간은 끝났고, 이제 나의 세계, 나의 과제로 돌아가야 한다는 깨달음이 갑자기 솟구쳤다. 나는 나의 삶을 챙겨야 했고 나의 문제들을 돌보아야 했다. 마음이 소란스러웠다. 이곳을 최대한 빨리 도망쳐야 한다는 생각이 어찌나 강렬한지 내일까지 기다릴 수조차 없을 지경이었다.

이튿날 새벽 나는 길을 떠나 일단 카메룬의 마루아로 돌아갔다. 수도 야운데까지는 1500킬로미터였는데, 중반까지는 승객으로 미어터지는 도요타 하이에이스 미니버스를 타고 이동했다. 하이에이스라는 이름에 걸맞은 도로는 드문드문 만날 수 있는 여정이었다. 그러나 정작 그런 아스팔트 포장도로가 더 위험했다. 기사가 도로 위에 욕조만큼 큰 구멍이 숭숭 뚫려 있는데도 가속 페달에서 발을 떼지 않았기 때문이다. 와중에 라디오에서는 코란이 흘러나왔고, 도로 곁 숲 어딘가에서 불이 나 동물들, 특히 깃털이 청록색인 희귀 새를 비롯한 많은 새가 아스팔트로 도망쳐 오는데도 기사는 가속페달을 계속 밟았다. 어디선가 팔락거리는 소리가 나고, 나무 타는 매캐한 냄새가 코를 찔렀다.

우리는 베누에 평원과 깎아지른 듯한 고갯길을 지나 고원 지대에 올랐고, 마침내 은가운데레에 도착했다. 카메룬 철도 노선의 종착점이자, 아침이면 안개가 깔리고 오토바이 택시 운전사들이 방한복 후드를 코까지 조여매고 도로를 질주하는 도시였다. 이 지역의 밤은 추웠고, 집들 사이에는 연무가 짙게 내려앉아 있었다. 나는 역에서 기차를 타고 밤새 남쪽으로, 수도 야운데로, 연극을 하는 고국의 친구들에게로 달려갔다.

거기서 한 소식이 나를 기다리고 있었다. 팩스로 편지를 주고받던 시절이었다. 나는 어머니의 필체를 곧바로 알아보았다. 아버지가 사망했다는 소식이었다. 팩스는 3주 전에 온 것이었다. 나는 고향으로 몇 번이나 전화를 걸었지만, 질문에 대한 답은 듣지 못했다. 통화료가 비쌌으므로 자세한 사연은 뒤로하고 출발 채비부터 했다.

고향엔 눈이 쌓여 있었다. 맑고 추운 어느 겨울날이었고, 해가 바뀐 지 일주일도 채 지나지 않았다. 나는 아버지의 유골을 찾기 시작했다. 친척들은 아무도 신경 쓰지 않았다. 아버지의 장례 소식을 아는 사람도 없었다. 아버지는 집안에서 내놓은 사람이었다. 그러다 보니 인간으로서 마지막으로 남긴 유해조차 집안사람들에게 버

림받았다. 아버지는 젊을 때 몇 번 잘못을 저질러 비츠빌이나 토어베르크처럼 우리가 아직도 형무소라 부르는 교도소를 전전했는데 그 버릇은 평생 떨치지 못했다. 감옥에서 나온 뒤 제대로 살아보려고 애를 쓰기도 하고, 현지에 머물며 식당 종업원의 평범한 삶에 만족하며 살기도 했지만.

나는 아버지에 대한 나의 멸시가 옹졸하다고 생각했다. 아버지는 이미 세상을 떠났고, 죽은 사람은 다른 누구에게도 해를 못 끼치지 않는가. 게다가 자식의 도리도 있었다. 그렇기에 죽은 아버지의 마지막 길을 아들이 지켜줘야 한다는 친척들의 당부를 뿌리칠 수 없었다. 내가 실제로 무언가에 책임감을 느낀 것은 그때가 처음이었다. 장례를 치르고 아버지에 대한 의무를 다하는 것은 인간의 도리에 맞는 너무나 당연한 일처럼 여겨졌다. 그러려면 일단 아버지의 유골이 필요했다.

아버지는 삶의 마지막 시기를 길거리에서 지냈고, 추운 밤이면 구세군의 임시 보호소에 잠시 몸을 의탁했다. 그러던 중 12월 초 어느 화요일 오전, 기차역 인근에서 쓰러졌다. 심근경색이었다. 이후 그에게는 단 1분도 더 주어지지 않았다. 아버지를 데려간 병원에는 장의사가 여럿 있었는데, 그들은 아버지의 유골 단지가 어느 장의

사에게 있는지 확인이 안 된다고 하면서 장의사 목록 한 장만 달랑 내밀었다. 나는 몇 군데 전화를 돌리면서 묘한 기분이 들었다. 아버지의 유골을 찾는 아들이라니. 상당히 곤혹스러운 상황이었다.

마침내 유골 단지를 찾았다. 나는 그것을 아버지의 마지막 거처가 있던 곳으로 가져갔다. 어느 산속 골짜기 끝이었다. 내 기억이 맞는다면 나까지 모두 네 명이었다. 몹시 춥고, 살이 에일 듯 오싹한 1월의 어느 날이었다. 목사는 말이 없었지만, 나는 욥기의 구절을 읽지 않고는 배길 수 없었다. 부고장에도 인쇄한 구절이었다. "내 마음이 들끓고 진정되지 않는구나. 환난의 날이 찾아왔다. 나는 햇볕에 탄 것도 아닌데 검게 변한 채 공회 중에 우뚝 서서 크게 울부짖네. 나는 재칼의 형제가 되었고 타조의 친구가 되었구나." 작별로는 어울리지 않는 문구였다. 그러나 나는 아버지의 죽음을 애도할 기분이 아니었다. 마침내 유골 단지를 벽 한쪽에 비치했을 때 나는 안도감이 들었다. 노인네는 이제 자기 자리를 찾았다. 여기서는 누구의 방해도 받지 않고 영원히 머무를 수 있을 것이다. 물론 그 영원은 당시 내가 생각한 시간보다 훨씬 짧았지만. 아버지의 나머지 유품은 마을 외곽 어느 황량한 주택단지 계단실에 놓여 있었다. 옷가지, 신발, 개인 물품들……. 그중 값나가는 것은 없었다. 가구도 없었다. 그나마 쓸 만한 가구는 집주인이 가져갔는데, 아버지는 몇 달째 집세가 밀린 상태였다. 그 착해 보이는 남자가 눈물을 글썽이며 털어놓은 말이었다.

집주인은 내 아버지처럼 상냥하던 사람이 어떻게 그렇게 못 믿을 사람으로 변했는지 도무지 이해할 수 없다고 말했다. 아버지는 밀린 집세를 갚겠다고 약속해놓고도 번번이 갚지 않았고, 자신은 그때마다 그 말을 믿고 기다렸으며, 그러다 더는 참지 못하고 화가 폭발해서 아버지를 쫓아냈는데 그런 행동을 한 것이 너무나 후회스러운 모양이었다. 내 아버지가 노숙자로 죽은 게 모두 자기 탓 같다고 했다.

나는 자기연민에 빠진 남자를 혼자 남겨두고 아버지의 물건을 차에 실었다. 그리고 뒤푸르 가로 돌아와서 아버지에게 바치는 소설을 썼다. 아버지와도, 나와도, 그때 있었던 일과도 아무 상관이 없는 소설을.

상속은 당연히 거절했다. 정신 나간 인간이 아니고서야 그런 상속을 받을 리 없었다. 나는 관공서에 편지를 써서 상속과 관련된 모든 권리를 포기한다고 분명히 밝혔다.

이렇게 해서 달랑 이 상자만 남았다. 아버지의 유골은 어쨌든 자기 자리를 찾았지만, 이 물건은 갈 데가 없었다. 상자는 내 것이 아니면서도 내 것이었고, 내 집에 있어야 할 물건이 아니면서도 내 집에 있었다. 20년 넘게 나는 과거의 짐으로부터, 이 골칫거리로부터 해방되었다고 생각했다. 그러나 아니었다. 이 상자와 그 속의 이야기에서 완전히 벗어나려면 언젠가는 그것과 직접 대면해야 했다. 그건 곧 상자를 열고 그 안을 들여다봐야 한다는 뜻이었다. 나는 여전히 망설여졌다. 그도 그럴 것이 인간 세상에는 판도라의 상자처럼 열지 않는 편이 더 나은 상자들이 있기 때문이다. 상자 안을 가득 채우고 있던 온갖 재앙이 밖으로 빠져나올지도 모른다. 다른 한편으로는 이런 문제에서 고대 신화에 의지하는 것은 별 도움이 되지 않는다는 생각이 들었다. 미신을 믿는 건 터무니없고 비이성적인 짓이므로.

마침내 나는 조사에 나섰다. 장갑은 끼지 않았다. 셈퍼케어 사에서 제작한, 하늘색 멸균 수술용 장갑이 한 통 가득 준비되어 있었는데도 말이다. 팬데믹이 한창일 때 사다놓고 한 번도 사용하지 않은 물건이었다.

상자는 먼지투성이에 지저분했고, 퀴퀴한 냄새가 났

다. 그러나 내용물은 건조했고, 벌레 먹은 데도 없었다. 맨 위에는 내가 직접 쓰고, 장례식이 끝난 뒤에 무심코 상자 속에 툭 던져 넣고는 잊고 지낸 부고장이 초록색 서류철에 담겨 있었다. 어머니가 아버지의 죽음을 알렸던 팩스와 장례업체 명단도 있었다. 과거의 시간, 아득한 시기. 20세기의 마지막 10년이 이 문서들을 통해 내게 말을 걸고 있었다. 지금의 나는 기술로 보나 문화로 보나 그때의 청년과는 완전히 다른 세상에 살고 있었다.

상자 속에는 실제로 재앙과 같은 불쾌한 것들이 가득했다. 고단한 삶과 죽음, 악마가 숫자와 공문서의 형태로, 이를테면 지방법원, 파산법원, 실업공단, 저축은행, 사회복지국, 자기만의 특수 용어를 사용하는 법집행기관들, 압류 통지, 이의 신청 기각서, 차용증 같은 흔적으로 남아 있었다.

나는 이 모든 걸 너무 잘 알았다. 그래서 가끔 이 편지들이 아버지가 아닌 내게 보내진 것 같은 느낌이 들어, 수신인이 정말 아버지가 맞는지 두 번이나 확인해야 했다. 차이는 이름뿐이었다. 그 몇 해, 나도 빚과 가난, 범죄의 세계로 침몰하기 일보 직전이었다. 아버지와 마찬가지로 나 역시 실존의 위기에 처해 있었다. 의지할 곳은 없었고, 당장 급한 불을 끌 비상금도 없었으며, 추락으로부터 나를 지켜줄 안전망도 없었고, 나를 위해 발 벗고 나서줄 사람도 없었다. 나도 아버지처럼 사회 주변부 인간이었다. 물론 그렇다고 절망하지는 않았고, 스스로 불행하다고 느끼지도 않았다. 다만 나는 매 순간 알고 있었다. 작은 불행이라도 하나 더 겹치거나, 바보 같은 사고가 일어나거나, 우연히 단속에 걸려 예상치 못한 심문을 받게 되면 어쩔 줄 모르고 말을 더듬다가 보호소나 유치장, 감방 같은 곳으로 떨어지리라는 것을. 그러면 스위스 육군의 복무규정에 적혀 있는 대로 사회 부적응자라는 딱지를 평생 지울 수 없는 병력처럼 안고 살아야 했을 것이다. 물론 동정이나 이해심, 사면을 청할 수는 있었지만, 나는 그런 것에 희망을 걸 만큼 바보가 아니었다. 가족은 나를 돕지 않을 것이고, 사회복지국도 그렇게 해줄리가 없었다.

스물다섯 살의 나는 대학 졸업장이나 자격증 하나 없이 반년 치 연봉에 해당하는 빚만 있었다. 그러다 보니 여러 단계의 빚 독촉에 대처하는 법을 터득했다. 두 번째 독촉까지는 사실 지키지 않아도 별일이 없었다. 그러나 세 번째부터는 달랐다. 실질적인 행동이 필요했다. 나는 분할 상환을 선택했고, 원리금 납부 기일을 최대한 지킴으로써 계약을 유지했다. 물론 그런다고 문제가 근본적으로 해결되는 것은 아니었다. 나는 언제든 나락으로 떨어질 수 있었다. 다만 그런 위험을 줄이고, 내 운명에서 벗어날 가능성, 그러니까 출신과 감옥, 빚더미, 병원, 무덤으로 이어질 내 비참한 운명에서 벗어날 수 있는 법을 터득했다. 궤도 수정은 효과적이었지만 만능은 아니었다. 골프로 비유하자면, 더 이상의 보기bogey는 용납되지 않았다. 실수는 금지되었고, 그걸 지키지 못하면 나는 그들 손에 죽음을 맞을 것이었다.

어깨에 빚을 잔뜩 짊어지고 있었기에, 청춘을 출발하는 내 발걸음은 무거울 수밖에 없었다. 품위 있는 삶의 길은 멀고도 험했다. 그러다 서점에 취직했지만 학위나 자격증이 없다는 이유로 형편없는 돈을 받았다. 그래도 내 인생 처음으로 얻은 안정적인 직장과 월급이었고, 심지어 내가 좋아하는 일이었다. 20대 중반까지 나는 부패하고 방탕한 내 청춘의 부채를 분할 상환하며 내 출신에서 벗어나려고 몸부림쳤다. 그 노력은 결실을 거두었다. 나는 글을 써서 이름을 얻었고, 내 인생에 대한 독점적인 해석권을 누렸으며, 나와 비슷한 정신적 혈족을 만났다. 나는 스스로 행운아라 여겼다. 문학에서 아무리 길어 올려도 마르지 않는 샘을 발견했고, 나에게 늘 도전과 감동을 안기고 심지어 정신을 살찌우는 무언가를 찾았기 때문이다. 그런데 그런 내 앞에 과거의 출신을 적나라하게 보여주는 상자가 다시 나타난 것이다. 혐오의 상자이자 가난의 상자였다. 과거의 나를 상기시키는 다른 흔적 일부도 여전히 집에 남아 있긴 했다. 도저히 답이 나오지 않는, 지출 예상 금액을 적어놓은 노트. 마트에 가 할인에 현혹되지 않고 오직 감자와 면제품, 육류 통조림만 구입하도록, 일주일치 가용 금액 내에서 작성한 식료품 구매 목록. 이것들을 볼 때마다 가슴이 조이고 목이 메이면서, 그 삶이 어땠는지, 그때 느꼈던 두려움이 생생한 기억과 함께 밀려왔다. 오물과 빈곤으로 대표되었던 삶. 노력과 행운 덕에 간발의 차로 탈출할 수 있었던 벼랑 끝의 삶. 앞서 말했듯이, 나는 이제 겉으로는 분명 웬만큼 잘 지내고 있고, 특별히 불평할 것도 없다. 그러나 여전히 과거의 쓰라린 잔해가 입안에 맴도는 씁쓰레한 뒷맛, 추운 겨울밤에 대한 반감, 굴욕, 사람들의 경멸로 남아 있었다. 이 모든 것이 지금 내 앞에, 내 속에 생생하게 살아서 돌아왔다. 아버지 당신은 빚더미에서 나를 낳은 거지, 나 때문에 빚더미에 앉은 것이 아니었다.

출신에서 벗어나는 것은 내게 환상처럼 보였다. 물론 약속은 항상 있었다. 내가 속한 문화도 그런 약속으로 시작했다. 믿음과 육신의 시조 아브라함은 하느님의 명령에 따라 고향 갈대아 지방의 우르를 떠났다. "너는 너의 땅과 친척과 아비의 집을 떠나 내가 너에게 보여줄 땅으로 가라. 내가 너를 큰 민족으로 만들고, 너에게 축복을 내리고, 네 이름을 영화롭게 하리라."

나는 신의 명령을 받지도 않았고 나의 자손을 반드시 번성시킬 필요도 없었지만, 이 이야기는 어린 시절부터 내 가슴 깊이 새겨져 있었다. 교회는 예전과 같은 권세를 누리지 못하나 그들의 힘과 이야기는 지속되고 있다. 인간은 이름을 얻으려면 혈족을 떠나야 하고, 탈출과 구원의 역사는 서로 얽혀 있다. 그런데 이 아브라함이 정말 실존했던 인물이라면, 그를 고향에서 내몬 건 신이 아닐 것이다. 예나 지금이나 고향을 등질 수밖에 없는 이유는 한결같이 핍박과 굶주림, 궁핍이다. 오늘날에도 사람들은 안전과 풍요를 찾아 새로운 땅으로 떠나지만, 아브라함이 그랬듯 거기서도 형태만 바뀔 뿐 예전과 같은 비참한 삶을 살 때가 많다. 아브라함은 새로운 고향에서 과연 잘 살았을까? 과거의 삶을 떨쳐냈을까? 별로 그래 보이지 않는다. 부부 문제, 불륜, 다른 여자에게서 낳은 아이, 아들을 죽이려고 산으로 데려간 행태, 불타는 가시덤불, 공양의 불, 도살된 양…… 새 고향에서 발견된 것이라고는 이런 익숙한 광기뿐이다. 그의 후손들도 착실하게 광기를 이어갔다. 예를 들면, 아브라함의 손자이자 이삭과 리브가의 아들인, 붉은 피부에 털이 많은 쌍둥이 형에서의 발꿈치를 잡고 태어났다는 야곱이 그렇다. 당시는 장자 상속제가 통용되었는데, 성서에 따르면 천막과 여자들의 품에서 거의 벗어나지 않은 응석받이 야곱이 교활한 술수로 형에게서 장자 상속권을 편취했다. 처음에는 팥죽 한 그릇으로 형에게서 장자 상속권을 사고, 나중에는 어머니의 지원으로 아버지의 축복과 상속권 전부를 넘겨받았다. 게다가 야곱은 안타깝게도 민족들 간 적대감을 부추긴 첫 인물이었다. 성경에 따르면 에서는 나중에 에돔인과 아말렉인으로 이루어진 민족을 창시했다. 그는 동생을 죽이려 했고, 그로 인해 얍복 강가에서 한 인간과 신의 마지막 만남이 이루어지면서 마침내 구원사의 올바른 길이 시작되었다.

창세기는 혈통을 사랑하고, 가계도를 아주 꼼꼼히 나열한다. 아담부터 셋, 에녹, 므두셀라를 거쳐 노아에 이르기까지. 민족들의 계보는 노아에서 시작되고, 가나안족, 루디족, 시니족의 태생 및 이름이 설명되다가 마침내 바벨탑 이후 어느 때인가 나홀이라는 인물이 데라를 낳고, 데라가 아브라함을 낳는다. 그런데 계보를 아무리 치밀하게 나열해도 거기엔 처음부터 사기와 속임수, 거짓

증언, 편취된 장자 상속권이 판을 친다. 나는 무법자와 사기꾼을 신의 은총을 받은 민족의 지도자나 시조로 지명한 것이 무슨 뜻인지 궁금했다. 어쩌면 태생에 대한 전면적인 부정이 아니었을까? 이런 강박은 창세기의 발명품이 아니었다. 아브라함은 수메르인들의 땅인 메소포타미아 출신이었다. 5천 년 전 여기서 문자가 발명되었고, 수메르인들은 점토에 문자를 새기는 법을 익히자마자 태생에 대한 이런 광기를 즉시 드러냈다.

"하늘의 위임을 받은 세상의 지배권은 에리두에서 시작되었도다. 에리두에 알루림 왕이 있었으니 그는 2만 8800년 동안 통치했노라." "가난한 남자의 아들 아르피움은 720년 동안 통치했노라." "에타나의 아들 발리는 400년을 다스렸노라."

이 모두는 수메르 왕의 계보를 설형문자로 기록한 점토판 웰드 블런델 프리즘에 나오는 내용이다. 수메르인은 혈통에 기반을 둔 지배권을 확립했을 뿐 아니라 상속과 가족, 권력, 사회를 하나로 연결시켰다. 왜 그랬을까? 타인에 대한 권력, 타인에게 행사하는 폭력을 태생으로 설명하고, 정당화하고, 해명하는 것이 너무 매력적이어서가 아니었을까? 그렇다면 그런 게 대체 왜 필요했을까? 그것도 왜 그런 식으로 필요했을까? 인간에게는 타인을 손쉽게 평가하고, 씨족과 신분, 가문으로 분류할 수 있는 족보가 필요했던 게 분명하다.

누가 나의 가족인가?

나의 아버지는 번듯한 집에서 나고 자랐는데, 그에게는 오히려 그게 불행이었다. 아버지의 가족은 100년 전, 혹은 그보다 몇 년 더 전에 고지대의 에멘탈에서 저지대 도시로 내려와 농부 생활을 접고 시민이 되었다. 건축가인 할아버지와 교사인 할머니는 내가 태어나기 전에 돌아가셨다. 두 분의 자녀들은 우리와 한동네에 살았으나, 그 세상은 완전히 딴판이었다. 다들 집이 있었고 돈 문제로 시달리지 않았다. 우리가 매일 씨름하는 문제들과는 거리가 먼 사람들이었다. 그래도 나는 그들을 부러워하지 않았다. 다만 강림절에 그들 집에 갔을 때 계피 과자와 오렌지펀치에서 아늑한 가정적인 분위기를 느낄 수 있던 몇 분 정도만 부러워했다. 그들의 집 앞 진입로에는 눈이 깨끗이 치워져 있었고, 식탁보는 하앴으며, 사과는 반짝반짝 윤이 났고, 가장家長은 음식과 아이들처럼 정확히 제시간에 도착했다. 그들은 바른 시민이자 사회의 버팀목이었다. 하루도 빠지지 않고 8시부터 5시까지 일했고, 늘 머리를 단정하게 빗었으며, 아이들은 학교 성적이 좋았고 말썽을 부리지 않았다. 그들 앞에는 반듯한 길이 기다리고 있었고, 중간에 샛길로 빠질 위험은 전혀 없었다. 그러다 마지막에는 교회 공동묘지 내 그림젤 화강암이나 고트하르트 화강암으로 만든 육중한 석판 아래 묻혔다.

반면 우리는 악취 나고 난방도 되지 않는 다 쓰러져 가는 집에 살았고, 액운 하나가 지나갔다 싶으면 곧장 다른 액운이 찾아왔다. 우리 집에는 규칙이나 전통 같은 것이 없었다. 그런 걸 챙길 여유조차 없었다. 다 함께 모이는 가족 행사는 전쟁터였다. 누군가가 조금만 도발하면 곧장 싸움이 벌어졌다. 우리 집의 주된 문제는 사랑과 돈이었다. 사랑은 필요 이상으로 많았다. 욕구에 대한 사랑, 애인과 정부情婦에 대한 사랑도 사랑이라고 한다면 말이다. 반면에 돈은 삶이 망가질 정도로 늘 지독하게 부족했다.

돈이 부족할 때 첫 번째 미덕은 임시변통이었다. 내 어머니는 그 방면의 대가였다. 당신의 표현을 빌리자면 그건 사회를 속여넘기는 기술이자, 우리처럼 은행 잔고가 간당간당한 이들에게는 허용되지 않는 사치스러운 영토로 잠시 다녀오는 소풍이었다.

우리 식구들은 집에 있는 걸 좋아하지 않았다. 집은 우리의 불행을 숨기는 곳이었다. 우리 집은 안전하지 않았고, 매달 말이면 재앙이 닥쳤다. 우편함은 지옥을 여는 문이었다. 안부를 묻거나 명절 인사를 하는 편지는 단 한 차례도 없었고, 온통 독촉장뿐이었다. 그 착실하고 믿음직스럽고 출세욕이 강한 삼촌이나 고모는 이런 삶을 단 하루도 버티지 못했을 것이다. 나는 우리가 그들보다 가난하지만, 근본적으로는 그들보다 더 강하다고 생각했다. 삶에 더 가까운 것은 우리였다. 물론 죽음에도 더 가까웠다. 그들보다 먼저 죽게 될 테니까. 우리는 가족이 아니었고, 가족이 될 수도 없었다. 가족이라고 할 만한 것은 저 밑바닥까지 완전히 파괴되었다.

당시 우리 집주인이었던 홀아비의 태생은 우리보다 훨씬 더 기구하고 끔찍했다. 물론 그때만 해도 그게 그렇게 특별한 일은 아니었다. 그의 아버지가 간밤의 폭음으로 신발을 벗다가 계단에서 굴러떨어져 목이 부러졌을 때 9남매는 모두 뿔뿔이 흩어졌다. 어떤 사람은 돈 몇 푼에 팔려 갔고, 어떤 사람은 당국의 지침에 따라 아무 농장으로 보내졌으며, 어떤 사람은 가족이라는 이름의 어떤 씨족에 편입되거나 노예로 팔려가 흠씬 두들겨 맞고 착취당하고 강간당했다. 그러다 보니 의지할 데 하나 없는 상태에서, 자신은 물론이고 이웃과 사회에 대한 신뢰까지 깡그리 잃어버렸다. 그렇다. 우리 이웃에게도 가족이라고 할 만한 것이 없었다.

내 어머니는 자신의 아버지, 그러니까 나의 외할아버지를 자랑스러워했다. 그럴 만한 사람이 아니었는데도 말이다. 외할아버지는 정상적인 가정에서 태어난 정상적인 시민이 아니었다. 근본도 배운 것도 없는, 사회 입장에서 보면 박멸해야 할 몹쓸 인간이었다. 이건 그냥 은유적으로 하는 말이 아니다. 떠돌이 땜장이의 아들이었던 외할아버지는 당시 반사회적 범죄자로 여겨지던 집시 출신이었다. 대학과 정신병원의 먹물 든 것들은 이 쓰레기 같은 인간들을 제거하는 여러 가지 아이디어를 개발해냈다. 당국은 그들에게서 자식을 빼앗아 일정한 거주지가 있는 가정에 입양시키거나, 보호시설과 감옥, 정신병원에 가두었다. 내 조국 스위스에선 파시즘이 종말을 고한 후인데도 여전히 태생 강박증의 지극히 공격적인 변종에 해당하는 우생학이 곳곳에 풍성하게 남아 있었다. 이 나라에는 내가 나고 자라는 동안에도 이른바 '사회적 거세 요건'에 근거해 사람들을 괴롭히거나 가두고, 거세하거나 임신 중절 수술을 허용하는 법이 있었다. 반사회적인 인간들의 잘못과 삶의 방식이 자식에게까지 내려가는 걸 막으려고 했던 것이다. 이 야만적인 살인 정책은 주로 여성과 동성애자, 집시를 대상으로 실시되었다. 그런 까닭에 어머니에게 이 법은 구체적이고도 일상적인 위협이었다. 이혼하고 혼자 아이들을 키우는 여자는 당연히 사회적으로 수상쩍은 존재였다. 게다가 아이들의 아버지는 감옥에 있었다. 당국의 시각에선 우리도 장차 그런 아버지를 따라 감옥에 가게 되리라 충분히 예상할 수 있었다.

어머니는 나의 외할아버지에 대해 항상 작은 목소리로 말했다. 그러나 그 속엔 사랑과 존경이 가득했다. 내 어머니의 출신 성분을 좌우한 것은 외할아버지였지, 그녀가 자랐지만 계속 머물지는 않았던 마을이 아니었다. 이곳에서의 삶은 끔찍한 공포였고, 그녀는 그 삶을 증오했다. 외할아버지는 운명의 실수로 그곳으로 흘러들어 가죽쟁이가 되어 가게를 열었지만, 그곳 사람들에게는 줄곧 이방인으로 남았다. 그 역시 주변 사람들 시선에는 신경 쓰지 않고 사이드카가 달린 할리데이비슨을 타고 이리저리 돌아다녔다. 야성적이고 잘생긴 남자였다.

내 어머니는 자신의 아버지를 부끄러워하지 않았다. 부끄러움이라는 걸 전혀 모르는 사람이었다. 만일 조금이라도 부끄러워할 줄 아는 사람이었다면 거기서 헤어 나오지 못했을 것이다.

어머니는 자신을 까마귀 엄마라고 불렀다. 자식들을 내팽개치고 밖으로만 도는 엄마라는 것이다. 그러나 나는 어머니를 탓하지 않았다. 이유는 분명했다. 한 가지 이유는 시간 대부분을 나와 함께 보내며 나를 든든히 지켜주는 할머니가 있었기 때문이고, 다른 이유는 어머니가 가정을 보살피는 데나 살림살이에는 정말 소질이 없었기 때문이다. 어머니는 도저히 종잡을 수 없는 미친 사람이었지만, 무엇보다 아름답고 섹시했고, 여자건 남자건 모두 어머니를 원했다. 나는 그런 어머니를 일찍이 이해했고, 어머니의 명성을 자랑스러워했다.

그녀는 남자들에 관한 이야기를 하지 않았다. 내 아버지의 연애 사건이나 범죄 같은 부정한 일에 대해서도 침묵을 지켰다. 나는 그런 이야기를 모두 어른들의 대화 중에 나오는 암시와 빗댐, 수군거림을 통해 알게 되었다. 어떤 이야기는 내가 태어나기 전의 시점으로 거슬러 올라갔다. 나로서는 도저히 상상이 안 되는 시점이었지만,

다른 사람들은 직접 경험한 시간이었다. 이 침묵을 어떻게 깨야 할까? 내게 그런 권리가 있을까? 나는 남들과 마찬가지로 아버지와 거리를 두는 편이 나은 이유를 곧 이해했다.

어머니가 아버지를 입에 올리는 일은 무척 드물었다. 어쩌다 아버지 이야기가 나올라치면 어조가 딱딱하고 단호하게 바뀌었다. 어머니는 아버지의 입에서 나오는 어떤 이야기도 믿지 않았다. 그녀에게는 모든 말이 술책이었고, 아버지는 달리 수가 없어 거짓말을 하는 것이므로 스스로 결백하다고 생각하는 상습적이고 억지스러운 거짓말쟁이였다. 게다가 스스로 자신의 행동을 바꿀 능력도, 개선의 여지도 없었고, 항상 같은 방식으로 잘못과 범죄를 저지르는 사람이었다. 아마 그는 끝까지 그렇게 살다가 갈 것이었다. 어머니는 나를 아버지에게서 떼어놓으려 했고, 내게서 아버지에 대한 생각과 기억을 모두 지우려 했다. 어머니는 나의 성까지 집주인 홀아비의 성으로 바꾸었다. 이건 단순히 별명이 아니었고, 친구들 사이에서만 부르는 이름도 아니었다. 나는 공식적인 명단에서도 이 가명을 사용했고, 내 성적표에도 이 가짜 이름이 버젓이 적혀 있었다. 때문에 내가 학교에 다닌 것을 증명할 방법이 없었다. 드문 일이지만 국경을 넘을 때만 내 실명이 등장했고, 내 신분증의 비밀은 세관원에게 잠시 노출되었다가 다시 서류철 속으로 사라졌다. 집에서 가끔 내가 서랍장 깊은 곳에서 꺼내 나만의 한갓진 공간에서 경탄스럽게 바라보던 서류철이었다.

어머니의 이런 노력은 사실 여러모로 불필요했다. 아버지는 나를 교육할 생각이 없었을 것이기 때문이다. 어쨌든 그런 의도를 드러낸 적은 없었다. 다만 어머니를 통해 간접 교육은 이루어졌다. 어머니는 내가 올바른 길에서 벗어난다 싶으면, 계속 그렇게 살다가는 어떤 꼴이 될지에 대한 경고와 반면교사의 의미로 아버지의 모습을 들이밀었다. 그러나 나는 어머니를 믿지 않았다. 어머니의 입으로 올바른 길이 어떻고 바른 삶이 어떻고 하는 건 말도 안 되었다. 나는 어머니 본인이 어떤 세계에서 살아가는지 똑똑히 보았고, 어머니가 도둑과 창녀, 깡패, 사기꾼, 포주와 어울리는 것도 잘 알고 있었다. 그들 가운데 내 아버지도 예외가 아니었다. 불운과 불행으로 점철된 삶이었다. 아버지는 사실 범죄 경력에 걸맞은 힘과 재능이 부족한 사람이었다. 내가 보기엔, 그게 어쩌면 어머니가 아버지를 떠난 진짜 이유인 듯했다.

어머니 자신도 정도正道에서 벗어나 위험한 길을 걸었다. 어머니가 내게 경고한 그 길은 똑같이 그녀를 유혹

하고 이끌고 타락시켰다. 하지만 아버지와 달리 어머니는 성실하고 부지런했다. 바에서 열심히 일해 돈을 벌었고, 나중에는 세차를 하고 군수 공장을 다녔으며, 세탁소에서 다림질하는 일까지 마다하지 않았다. 교육받지 못한 여성의 운명이었다. 악착같이 일하고, 그러다 잠시 현실을 잊고 다른 세계로 소풍을 떠났다가 금방 비참한 현실로 급전직하하는 삶. 그러나 나는 분명히 알고 있었다. 어머니가 아버지를 사랑했다는 것을. 아니, 어쩌면 죽을 때까지 사랑했을지도 모른다. 내가 커가면서 아버지를 점점 닮기 시작하자 아버지를 향해 그렇게 단단히 치고 있던 어머니의 방어막도 일부 찢어졌다. 그녀는 매일 나를 보면서 아버지에 대한 갈망과 아버지로 인한 위험을 동시에 감지하는 듯했다. 나는 지금도 어머니가 기차역 승강장으로 올라가면서 내게 했던 말이 귀에 쟁쟁하다.

"네 아버지가 나를 두 손으로 번쩍 들어올릴 때 얼마나 멋있는지 몰라. 아마 네 아버지가 그런 일을 그만두었더라면 나도 떠나지 않았을 거야."

어머니는 마치 내가 그 남자인 것처럼, 시간을 되돌린 것처럼 말했다. 그러나 솔직히 말해 나는 그런 이야기에 전혀 감흥이 없었다. 나는 나 자신의 액운, 무엇보다 그들의 액운에 집착했다. 과거의 불행이 아닌 현재의 불행에 몰두했고, 그에 대한 책임을 두 사람에게 돌렸다. 어머니는 위험한 반응을 보였다. 나는 조심해야 했고, 결국 집을 떠나 어머니의 영향력에서 벗어나야 했다.

나는 이런 이야기를 부끄러워하지 않았지만, 대개 가슴에만 품고 살았다. 혹시라도 그에 대해 말할 때면 줄이고 압축하거나, 아니면 다른 식으로 확장했다. 한마디로 내가 느끼고 경험한 것과 약간만 비슷하도록 이야기를 만들고 요약했다. 그건 필요한 일이었다. 세밀한 묘사는 내게 너무 무리한 요구였고, 사건의 거대한 관련성은 너무 방대했다. 간결함은 싫지 않았다. 내가 그 이야기로 괴로워할 일도 없었다. 나는 언젠가 이 모든 이야기를 완벽하게 풀어낼 기회가 올 거라고 생각했다. 그날이 언제일지는 중요하지 않았다. 시간은 내 편이었다. 나는 작가로서 나 자신의 이야기를 쓰고 싶었지만, 내 삶의 재난에 방향을 제시하고, 이 우연한 출생으로부터 어떻게든 의미를 짜내고, 이 끔찍한 이야기에서 무언가 이득을 끄집어낼 만큼 성숙하다고는 여기지 않았다. 다만 이야기를 하는 건 나의 임무였다. 하나의 이야기를 한다는 것은 일단 변화를 수용하겠다는 의미였다. 그 변화는 나를 구원할 수도 망가뜨릴 수도 있었다. 어느 쪽이 될지는 보장할 수 없었다. 오랫동안 나는 해를 입을 가능성이 더 높다고 생각했고, 그 위험을 감수할 의향이 없었으며, 그만큼 내가 강하지도 않다고 생각했다. 그런데 이 이야기를 할 수 있을 만큼 강해졌다고 믿는 지금, 도리어 이야기할 필요가 있는가 싶기도 하다.

어떤 상자는 그냥 열지 않고 닫아두는 편이 더 낫다. 나 역시 이 상자와 관련해 출생에 대한 반감에 사로잡혔다. 스스로에 대한 반감이 아니었다. 출생의 이념 그 자체에 대한, 선조를 통해 자신을 정의하려는 강박적 집착에 대한 반감이었다. 그렇다면 그냥 버려야 할까? 그게 좀 더 이성적인 판단 같았다. 지난 25년 동안 나는 이 상자에 눈길 한번 주지 않았다. 그건 과거의 기록물이라기보다는 상징에 가까웠다. 나는 이 상자의 내용물로부터 어떤 해명도, 어떤 깨달음도 기대하지 않았다. 이대로 아무 상실감 없이 파기해버리면 그만이었다. 혹시 타인의 손에 넘어가 입게 될 피해를 고려하면 더더욱 그래야 했다.

다른 한편으로 나는 이 상자의 의미를 읽어내야 했다. 무슨 자신감인지 나는 내가 이 상자의 의미를 읽어낼 수 있는 유일한 사람이라고 생각했다. 그럴 만도 했다. 나는 이 자료의 비밀을 해독하는 데 필요한 정보를 갖고 있었고, 관련 사건들의 증인인 동시에 기록물 보관인이었기 때문이다. 내 속의 증인과 기록물 보관인은 둘 다 이 상자를 보관해야 한다고 주장했다. 그 시절의 흔적은 무척 드물었고, 논리적으로 보면 희소한 것은 가치가 있었다. 하지만 그에 대한 고민이 깊어질수록 나 자신이 점점 더 수수께끼처럼 느껴졌다. 상자는 내게 질문들을 던졌다. 내가 답할 수 없었던 가장 중요한 질문은 바로 가족에 관한 것이었다. 나는 왜 이 가족에 속한다고 생각할까? 나는 왜 부모에 대한 의무감을 느꼈을까? 그들이 내게 실존의 몸을 준 것은 의문의 여지가 없다. 하지만 그 부분을 차치하면 내가 그들에게서 받은 것이라고는 부정적인 부모의 예시뿐이었다. 내가 나의 학교생활을 생각하면 기적이라고 할 수 있을 교육대학 시험에 합격했을 때 어머니는 내 장학금을 가로채 튀어버렸고, 나는 집을 나와 길거리 생활을 시작했다. 아버지는 내게 더 잘해주었지만, 사실 나야 어떻게 되든 상관없고 내게 관심을 보인 적이 한 번도 없었던 사람이었다. 부모는 내 가슴에 부정적인 본보기만 새겨놓았다. 나는 가족에게서 분노와 문제 외에 다른 어떤 것도 기대하지 않았다. 책을 보면 나 혼자만 그런 게 아닌 것 같았다. 인권이 가족과 관련되어 있고, 가정이 사회의 자연스러운 핵심 세포라는 말을 들었을 때 나는 이 사회가 왜 이렇게 엉망인지 바로 알 수 있었다. 그렇다면 가족 문제는 무엇일까?

고대 로마 시대에 가장은 혈통으로만 분류되지 않는, 사회적, 경제적 공동체의 우두머리였다. 가장에게는 자신이 마음대로 처분할 수 있는 가축과 여자, 자녀, 노예 무리가 딸려 있었다. 그는 한마디로 자기 일족의 재판관이자 사형 집행관이었다. 기원전 5세기에 제정된 가장 중요한 성문법인 12표법은 가장에게 그에 딸린 모든 사람, 즉 여자와 아이, 노예에 대한 생사여탈권을 부여했다.

한 사회가 가족을 어떻게 생각했는지는 그 사회의 상속법을 보면 알 수 있다. 로마에선 그에 대한 구속력 있는 정의定意는 발견되지 않는다. 다만 2세기에 법의 기초를 세운 로마 법학자 가이우스의 『법학제요』 제3권은 친족 관계를 다음과 같이 정의하려 시도하는데, 본인의 의도와는 달리 우스꽝스러운 느낌을 지울 수 없다.

본래적인 의미의 적법한 상속인은 사망 당시 고인에게 딸린 자식들이다. 예를 들면 피상속인의 아들 또는 딸, 친손자 또는 친손녀, 친증손자 또는 친증손녀가 그렇다. 이때 자녀가 혈육인지 입양으로 얻은 자식인지는 상관없다. 다만 손자 또는 손녀, 증손자 또는 증손녀가 적법한 상속인이 되려면 윗세대가 더는 그 부모의 지배권 아래 있지 않아야 한다. 예를 들어 그 윗세대가 죽었다든지, 해방 같은 수단에 의해서 말이다. 왜냐하면 피상속인의 죽음 당시 아들이 여전히 고인의 지배권 아래에 있는 상태라면 손자는 올바른 상속자가 될 수 없기 때문이다. 우리는 다른 모든 자손에게도 동일한 규칙이 적용된다고 보아야 한다. 남편에게 딸린 아내도 적법한 상속인이다. 여자 배우자는 법적으로 딸의 지위에 해당하기 때문이다. 아들의 지배권 아래 있는 며느리도 마찬가지다. 그 역시 법적으로 손녀의 지위에 해당하기 때문이다. 다만 고인의 사망 당시 그 아들이 아버지의 지배권 아래 있지 않을 경우에만 적법한 상속인이 된다. 혼인을 통해 손자의 지배를 받는 여성에게도 동일한 원칙이 적용된다. 그 역시 손녀의 지위를 차지하기 때문이다. 유복자도 만일 부모 생전에 태어나 부모의 통제하에 있었다면 적법한 상속인이다.

이 글의 행간에서는 그때나 지금이나 고인의 죽음 이후 가족 관계를 파탄 내는 음모와 잔인함, 불화가 감지된다. 상속 분쟁은 사회를 파괴할 수 있다. 어떤 국가든 상속과 관련해서 권리와 의무를 명확하고 구속력 있게 규정하는 데 관심이 많지만, 로마 상속법은 결코 그런 명확성에 이르지 못했다. 다만 새로운 아이디어가 계속 쌓이면서 발전해갔다. 법학자들은 전통이든 새로 도입된 법이든 자기 이익에 더 적합한 거라면 무엇이든 이용했다.

로마에서는 상속법상 노예에게 특별한 지위가 고안되었다. 가이우스는 '강제 상속인 제도'를 언급한다. 강제 상속인이란 본인이 싫든 좋든 피상속인이 죽은 뒤에 자유를 얻는 대신 강제로 유산을 떠안아야 하는 노예를 가리킨다. 그렇다면 어떤 피상속인이 이런 제도를 이용할까? 그렇다, 빚더미에 앉은 피상속인이다. 그들의 직계 자녀는 상속을 거부할 수 있지만 노예는 거부할 수 없다. 가이우스에 따르면 로마에서 '개인 파산'은 치욕스러운 일이었다. 그렇다면 그런 치욕을 자식에게 물려줄 수는 없었다. 그래서 개발한 것이 노예에게 대신 빚을 떠넘기는 제도였다.

자유와 부채, 이 변증법을 우리는 2천 년이 지난 지금도 여전히 알고 있다. 서구 사회에서 개인 부채는 경제적 성공의 토대 중 하나다. 인간의 자유는 경제에 예속되어 있다. 나는 서면을 통해 공식적으로 상속을 포기해야 했다. 국가는 이런 식의 최종 통보가 있기 전까지는 내가 아버지의 빚을 책임질 거라고 가정한다. 나는 그때 당한 치욕을 기억한다. 아들로서 아버지의 빚을 갚지 못하는 것은 수치스러운 일이었다. 법학자 가이우스가 살았던 시대 이후 2천 년이 지난 지금에도 우리 사회에서 개인 파산은 카인의 표식으로 남아 있다. 채무 인정 속에는 윤리적 규범이 작동하고, 그것을 위반하면 법적, 행정적 제재가 가해진다. 그뿐 아니라 채무자는 신용을 잃고 사회에서 배제당한다.

아버지는 세상을 떠나기 3년 전인 1994년 10월 당시 은행과 국가, 집주인에게 총 4년 치 연봉에 해당하는 금액을 빚지고 있었다. 결국 파산은 피할 수 없었고, 그와 동시에 국가는 아버지의 새로운 사회적 지위를 공식 문서로 통보했다. 개인 파산은 치명적이었고, 일종의 사회적 죽음이었다. 당국과 관련 기관들은 이 일을 아무런 증오 없이 차갑게 진행시켰다. 개인 파산을 담당하는 공무원은 '분배 계획 부과 통지문Art. 87 KOV'에 직접 사인해서 '따뜻한 안부 인사'와 함께 보냈다. 그는 이 사회적 사형 선고 이후에 어떤 미워하는 마음도 없이 정시에 퇴근해서 더 이상 아버지 일을 생각하지 않았을 것이다.

그러나 택시 회사와 유제품 가게, 전자제품 전문점,

개인 채권자의 태도는 완전히 달랐다. 그들은 이 문제를 지극히 개인적으로 받아들였다. 그 증거는 상자 속에 수두룩했는데, 거기에 담긴 악의와 증오는 외부 형식에 뚜렷이 드러났다. 예를 들면 어떤 미지의 채권자가 아버지에게 미상환된 빚을 상기시키기 위해 보낸 10여 장이 넘는 똑같은 모양의 컬러 복사지가 그랬다. 부채는 50프랑이었다. '부플러'라는 사람은 채무 불이행자에게 단 한 장의 편지만 보냈는데, 완벽한 격식에 깍듯이 예의를 갖춰 미수금에 대한 독촉뿐 아니라 지금껏 아버지가 여러 차례 번드르르하게 늘어놓은 일련의 거짓말을 열거해놓았다. 그 밖에 고용주라는 사람은 아버지에 대한 소식을 듣지 못했지만 경찰은 잘 알고 있을 거라며 이제 '번개같이' 지불해줄 것을 기대한다고 말했다. 파산 담당 판사는 수사적 잽만 날려 자신의 무력감을 보상하려는 부플러라는 사람과는 비교가 안 될 정도의 힘을 갖고 있었다. 아버지는 언제든 길거리에서 이 채권자들을 만날 수 있었다. 부플러든, 아니면 이 채권의 증인으로서 부플러의 서류 쪼가리에 함께 서명한 뮐레만이라는 사람이든. 부플러가 받을 돈도 앞서 금액과 마찬가지로 터무니없이 적었다. 고작 30프랑이었다. 부플러 같은 동사무소 직원이라면 한 시간만 일해도 충분히 벌 수 있는 금액이었다.

이 우울한 서신들에 담긴 채권자들의 열의가 눈에 띄었다. 송금해야 할 계좌가 단정하게 적혀 있었고, 원금에다 이자까지 깔끔하게 계산되어 있었다. 그들에겐 기억하지 않아도 될 만큼의 적은 액수는 없으며 한 푼 한 푼이 소중한 듯했다. 예를 들어 부플러가 돈을 받으려고 기울인 시간과 수고를 감안하면 30프랑 이상은 충분히 썼을 것 같은데 말이다.

1997년 1월 어느 월요일, 부플러라는 사람이 타자기 앞에 앉아 있다. 타자기에는 종이 한 장이 끼워져 있다. 그는 마음을 가다듬고, 오타 하나 없이 일목요연하고 깔끔하게 내용을 작성한다. 심지어 군데군데 문장부호도 사용한다. 특히 강조가 필요한 대목에서는 감탄부호를 아끼지 않는다. 이건 돈이 아니라 원칙의 문제다. 게다가 그는 봉투에 발신인의 주소나 이름을 쓰지 않는 치밀함도 보인다. 그 바람에 아버지는 누구의 편지인지 모른 채 부플러의 편지를 개봉해서 읽는다. 상자 속에 개봉하지 않은 편지가 수두룩한 것을 보면 부플러의 작전은 성공한 것처럼 보인다. 하지만 이런 노력도 별무소득으로 끝나고, 채권자는 결국 돈을 포기할 수밖에 없다.

앞서 말했듯 나는 담당 관공서에 편지를 보냄으로써

덫에서 벗어났다. 아버지에게 돈을 빌려주거나 외상으로 물건을 준 사람은 이제 닭 쫓던 개 신세가 되어 돈이 공중으로 날아가는 것을 지켜보고 있을 수밖에 없었다. 그들은 아버지와 거래를 할지 말지 좀 더 일찍 숙고했어야 했고, 외상으로 주었다면 그에 따르는 위험을 충분히 예상했어야 했다. 개별 사례에서는 분명 불쾌한 일이지만, 우리 시장경제의 게임 규칙이 그랬다. 죽은 사람은 빚을 갚을 수 없고, 대신 그 비용을 다른 누군가에게 떠넘겨야 하기 때문이다.

그런 점에서 시장경제는 비난의 대상이 되었고, 명예는 실추되었다. 너무 많은 죽음이 상속인에게 엄청난 비용을 떠넘겼다. 내 아버지의 빚과는 완전히 차원이 다른 비용이었다. 시장경제는 처음부터 비판을 받아왔지만, 지금 시장경제와 그 메커니즘은 단순히 정치적 분쟁과 법적 갈등만 야기하고 있지 않다. 이제 그것은 우리의 생존과 깊이 연결되어 있다. 우리 행성의 생물권은 점점 손상되어가고 있다. 우리 사회는 삶의 토대를 파괴했다. 시장경제는 물질적 풍요를 가져오지만 모두가 그 혜택을 누리지는 못한다. 가진 게 없는 사람들한테는 그 대신 번영의 약속이 주어진다. 공허한 약속일 때가 많지만, 이건 권력과 경제의 힘에 무척 중요하다. 경제는 노력과 경쟁으로 유지되니까 말이다. 그러나 이제 우리는 안다. 우리를 붕괴시킨 것이 바로 이 경쟁이었음을. 축복이었던 것이 이제 저주가 되었다. 우리가 걸린 덫이다. 탈출구는 없다. 데이터와 과학은 어떤 의심도 용납하지 않는다. 인류는 자신의 행성을 뜨겁게 달구어 스스로를 죽이려 한다. 이제 우리에게는 해결책이 절실하다. 그렇지 않으면 말 그대로 빛이 꺼질 것이다. 적지 않은 사람이 그렇게 생각한다. 너무 늦었다고, 불은 이미 꺼졌으며 우리는 장차 망막 속의 잔광만 보게 될 거라고, 우리가 앞으로 할 수 있는 일이라고는 지옥으로 가는 어둠 속에서 서로 머리가 부딪치지 않도록 하는 것뿐이라고. 이건 정신 나간 사람이 아무렇게나 내지르는 소리가 아니다.

압력은 증가하고 있다. 질문은 더 불편하고 끈질겨졌다. 경제가 지식과 언어, 사고, 행동을 결정하기에 모순은 점점 더 커진다. 어휘, 삶, 진실, 이 모든 것은 경제가 아니라 자체 내에서 해명되어야 한다. 이런 압력하에 책도 신음하기 시작했다. 책은 수 세기 동안 우리 사회에 토대를 제공했다. 책 없이는 사유도 학문도 돈도 없다. 아니, 책 없이는 아무것도 없다! 책은 우리 사회에서 성공을 가능하게 해주는 지식을 담고 있다. 합법적이고 평화로운 방법으로 무언가를 이루려는 사람은 책에 의지해야 한다. 그건 나도 마찬가지다. 내가 결국은 도망치지 못한 아버지와 다른 친구들, 이들 모두와 나를 가르는 한 가지 요소가 있다면 그건 독서다. 나의 성공은 내 서가에 꽂혀 있는 책으로 측정할 수 있다. 그 책들은 내 소속의 원인이자 보증이다.

물론 책마다 차이는 있다. 모든 책이 똑같은 성공을 보장하지는 않는다. 예를 들어 일본 문학에 대한 나의 지식은 돈을 벌게 해주지는 않았으나 특정 집단에서 나의 입지를 높여주었다. 반면에 새뮤얼슨의 경제 이론서 같은 책은 내가 그 내용에 거부감을, 심지어 혐오감까지 느꼈지만 매일 이득을 안겨주었다. 성공이 책에 달려 있다는 사실은 의심의 여지가 없다. 다만 이제는 성공에 대한 정의가 갑자기 180도로 바뀌었다. 이제 성공은 몰락을 의미한다. 그렇다면 몰락도 책에 달려 있다고 말하는 것도 논리에 어긋나지 않는다. 책은 그 안에 어떤 내용이 담겨 있든 별로 상황이 좋지 않다. 지난 수십 년 동안 책에는 많은 일이 일어났다. 공공 도서관에 조용히 꽂혀 있기만 하던 것은 옛날 일이 되었다. 테크놀로지 측면에서 책은 시대에 뒤떨어지고, 우리 시대에 맞지 않는다. 어디에나 존재하는 의심이 책으로도 향하고 있고, 나도 이제까지와는 다른 눈으로 내 서재의 책들을 바라본다.

일부 책에서 나는 조야한 헛소리와 바보 같은 말, 하찮은 잡담 같은 것들을 발견했다. 이건 그 자체로는 문제가 아니다. 다만 마음에 불안이 일었던 것은, 예전에 내가 그 내용을 그대로 받아들였고, 나를 비롯해 많은 사람을 설득시켰던 책들에 이제는 의문이 생겼다는 것이다. 의심을 불러일으킨 것은 책의 핵심 주제도 어떤 생각도 아니었다. 내 마음에 불안과 상처를 준 것은 자잘한 모순과 잘못 지워진 흔적, 싸구려 술책이었다.

나를 화나게 한 것은 내용이 아니라 글쓴이들의 말하는 방식과 태도, 위장술이었다. 그들이 무엇을 말하고 무엇을 침묵하더라도, 그 속에 많은 모순점이 있더라도 그들의 책은 그게 쓰였던 세계, 번성하거나 몰락할 수밖에 없었던 세계와 지배 상황들에 대한 증거다.

사람들은 실존의 혼돈 속에서 나아갈 방향을 애타게 찾는다. 그들에게 필요한 것은 어지러운 세상과 도저히 예측할 수 없는 사건들을 하나의 관련성으로 풀어줄 이야기다. 그런데 우리 사회가 만들어낸 이런 관련성과 사회적 방향성이 바로 몰락으로 이어지는 것 같았다.

나는 역사 저작물에서 현실에 대한 설명을 더는 발견하지 못한다. 오히려 현실의 발명과 그 발명 뒤에 숨은 이해관계만 보게 된다. 예를 들어 '게르만'이라는 이름으로 통일된 민족은 이제껏 역사에서 존재한 적이 없다. 그건 가이우스 율리우스 카이사르가 『갈리아 전기』에서 발명한 이름일 뿐이다. 이 이야기는 2천 년이 훌쩍 지난 지금도 여전히 꽤 큰 성공을 거두고 있지만, 현실과는 별 관련이 없다. 게다가 이 이야기의 원래 목적도 그게 아니다. 그저 야전 장수들이 적을 두고 벌인 선전전이었을 뿐이다.

한 장수가 선전전을 목적으로 적에 관해 쓴 글 나부랭이를 학술적 보고로 읽는 것은 어리석은 일이다. 특히 내가 독서에 빠져 있던 시절에 읽은 러시아 독재자의 역사철학 저술에도 분명히 밝혀져 있다. 권력은 늘 자신에게 맞는 진실을 찾고, 항상 잔학한 학살을 위한 이유를 찾는다고.

물론 역사학도 이 사실을 알고 있다. 내 책을 펴낸 독일 출판사의 문헌학자 출신 발행인도 카이사르의 전쟁 보고서가 얼마나 신뢰할 수 없는지 지적했다. 그녀는 학자답게 자신의 소견을 뒷받침하는 증거를 제시했다. 바로 타키투스의 『게르마니아』였다. 고대부터 지금껏 내려오는 문헌 가운데 게르만 민족에 관한 가장 상세한 보고서인 이 책도 카이사르의 저작만큼 새빨간 거짓말이었다. 이 책들은 로마제국 국경 건너편에 어지럽게 살고 있는 다양한 인간들을 하나로 묶음으로써 현실에는 없는 통일성을 만들어내고자 했다. 이건 정체성 구축에 필요한 일이었다. 적이 누구인지 분명히 알아야 하나의 표적을 향해 단일대오로 싸울 수 있기 때문이다.

우리 사회는 그런 식의 민족 정체성 구축이 얼마나 위험한지 이미 오래전에 깨달았다. 그 정점은 국가사회주의 체제의 게르만 숭배가 야기한 대학살이었다. 게르만 민족의 개념과 그 신화는 무수한 연구를 통해 갈기갈기 해체되었지만, 그럼에도 둘 다 살아남았다. 홍보 책자에서 게르만 민족은 결코 존재하지 않는다고 분명히 적시한 역사 박물관들도 버젓이 게르만족 전시회를 개최한다. 뉘른베르크에는 게르만 민족 박물관이 지금도 존속한다. 시대정신에 맞게 비교문화 박물관을 표방하지만, 내용적으로는 철저히 카이사르 방식에 따라 게르만 개념으로 통합된 유럽문화 박물관을 지향한다. 이런 이야기들은 줄기차게 민족 정체성을 부추긴다. 그게 얼마나 단점이 많고, 중독적이고, 해를 끼치는지 다들 알고 있음에도 말이다.

19세기에는 분명 민족국가의 정체성에 대한 욕망 때문에 자신들의 뿌리가 되는 민족을 발명할 필요성이 있었지만, 우리 시대에는 그게 무슨 소용이 있을까? 당시에는 유익했던 것이 지금은 해로운 것이 되었다. 이제 상황은 완전히 바뀌었다. 번영의 증가는 몰락을 가져왔고, 약속된 안전은 치명적인 위험으로 판명되었다. 나는 파산까지 이르는 전반적인 사회적 평가절하를 목격했고, 우리 문화와 우리 세계가 비틀거리는 것을 보면 볼수록 무엇이 지속될 수 있는지, 무엇이 보존할 가치가 있는지, 이 거짓과 속임수의 우주에서 진실이 어디에 있는지 점점 궁금해졌다.

모호한 경구와 애매한 예언은 여전히 유효하다. 헤라클레이토스나 고타마 싯다르타 같은 동서양의 신비주의자들은 신속하게 세상에 등장했다. 이런 높으신 분들의 등장은 항상 애매모호한 어둠을 즐기고 인간 실존의 황혼을 제집처럼 느끼는 문화의 여명을 예고했다. 나는 그 대열에 끼고 싶지 않았다. 만약 그렇게 된다면 영웅의 역할과 제물 신비주의를 즐기는 생식력 강한 남자들 틈에만 있게 될 것이기 때문이다. 세상이 술에 취해 비틀거리면 멀쩡한 정신은 이미 그 자체로 저항을 의미한다. 물론 나는 너무 과하게 저항하고 싶지는 않았다.

내 서가에 꽂혀 있던 디스토피아들이 고소하다는 듯이 웃었다. 이것들은 오래전부터 알고 있었다. 세상의 진실이라는 것은 모두 거짓이고, 자유는 예속이고, 무지가 힘이라는 사실을. 이성에 대한 호소는 창피하게 등을 돌린 채 동굴에 칩거하며 다음 봄을 기다렸다. 통일된 관련성을 주장하는 것은 모두 망상으로 드러났고, 명백하다고 여겨졌던 것은 허황된 가설이자 눈멀게 하는 광란의 기록일 때가 너무 많았다.

    내 서재의 모든 책 중에 우리 사회에서 성경과 버금가게 중요한 책은 단 한 권뿐이다. 오로지 기원만을, 그것도 주로 인간종의 기원만을 다룬 책이자, 혈통과 소속, 가족에 관한 책, 바로 1859년 11월 24일에 출간된 찰스 다윈의 『종의 기원』이다.

종의 기원

『종의 기원』은 나를 비롯한 수많은 서구인의 서가에 꽂혀 있다. 다윈의 이 논문을 실제로 읽은 사람이 얼마나 되는지는 알 수 없지만, 우리는 그의 메시지를 믿는다. 아니 좀 더 정확히 말하자면, 우리는 찰스 다윈이 진화의 원칙을 적확하게 설명했고, 그 설명을 흔들 만한 것은 없다는 사실을 안다. 이 책은 인간을 포함한 모든 유기체의 기원, 즉 출생에 관한 최종적인 설명이다. 다윈의 말을 믿지 않는 사람은 지구를 여전히 평평한 원반으로 여기거나, 하느님이 월요일부터 토요일까지 엿새 동안 이 땅에 온갖 비열하고 추잡한 인간들을 던져놓았다고 믿는 사람일 가능성이 크다.

진화 과정은 생물학뿐만 아니라 심리학, 심지어 언어학의 영역에서도 발견된다. 언어와 바이러스는 몇 가지 진화적 속성을 공유하고, 다윈의 원칙, 즉 선택적 압력, 우연한 돌연변이, 그리고 고정된 상태는 없고 모든 것이 하나의 과정이자 분배이며 끝없이 변화한다는 원칙을 적용할 수 있다.

『종의 기원』을 읽는다는 것은 우울한 행위다. 다윈은 자연선택에 대해 상세히 설명한다. 소나무, 기생생물, 난초, 그리고 당연히 핀치새에 관해 이야기하지만, 실은 이 예들로 끊임없이 상기시키고자 하는 바는 바로 자신의 원칙이다. 더군다나 그의 글은 굉장히 쉽고 생생하고 자료는 무궁무진하다. 간단히 말해 설득력 있는 책이다. 이 저술은 많은 점에서 전쟁 보고서와 비슷하다. 자연은 전쟁터, 공동묘지, 도살장, 매춘업소 같은 모습을 번갈아 내보인다. 생존의 토대는 다른 생명의 무수한 학살이고, 그 일에 가장 유능한 존재가 우뚝 선다.

나는 이 책의 독일어판을 30년 전에 샀다. 이 책이 독일에서 처음 출간된 해가 1963년인데, 내가 소장하고 있는 건 1984년에 출간된 재판이다. 1959년 『종의 기원』 출간 100주년을 기념하며 게르하르트 헤베르라는 사람이 후기를 썼다. 영웅주의와 주관적 격정에서 자유롭지 못한 후기였다. 그는 창조적 파괴자인 다윈을 찬양할 뿐 아니라 편협한 사람들의 공격으로부터 그를 방어한다. 다윈주의는 마르크스주의나 비스마르크의 침략 전쟁 같은 역사적 오류와 공포에 책임이 없다는 것이다. 헤베르는 정말 순결한 마음으로 이렇게 끝맺는다. "1959년부터 시작되는 이 세기를 다윈과 함께하는 세기로 만들자! 자연선택이론은 인류에게 생물학적 미래를 위한 기회를 제공하기 때문이다."

오늘날에도 누군가는 이 말을 들으며 열심히 고개를 끄덕거릴지 모른다. 헤베르는 1945년 이전엔 골수 나치이자 핵심 인종이론가로서 나치친위대 인종 및 이주 본부에서 일했고, 나치친위대 선조유산연구회 회원으로 활동했다. 내가 지닌 레클람 판 『종의 기원』에는 게르만 민족의 기원에 관한 이야기는 한마디도 언급되어 있지 않다. 그럼에도 종전 14년 후에 어느 국가사회주의자가 가장 중요한 학술서 중 하나인 다윈의 책에 환호했다. 이게 무엇을 의미할까?

기회주의일까? 둘은 내밀한 친족 관계, 즉 한 가족인 걸까? 아니면 우연의 일치일 뿐 아무런 의미가 없는 걸까?

한번은 오른쪽 무릎이 시원찮아 제대로 움직일 수가

없었다. 다행히 좋은 전문가를 만났다. 정형외과 의사인 그가 내게 해준 말은 놀라웠다. 무릎에 대한 생각을 멈추라는 것이다. 내가 '무릎'이라고 부르는 것은 넓적다리뼈와 정강이뼈를 기능적으로 연결하는 부위에 지나지 않고, 무릎 입장에서는 전체로서만 이해될 수 있는 운동 기제의 한 요소이며, 다시 그 환경을 통해서만 이해될 수 있는 몸의 일부라고 했다. 깨달은 자도 성자도 아닌, 그저 강단 의학의 일개 의사에 불과한 사람이 내 몸이 가장 작은 것뿐만 아니라 가장 큰 것과도 연결되어 있다는 사실로 우주를 설명했다.

사이비 성직자 같은 냄새가 좀 나긴 했지만, 그런 이치를 깨달은 사람은 중력을 모르면 무릎에 문제가 있는 사람에게 별다른 도움을 줄 수 없다고 생각한다. 여기서 중력은 단순히 그 의사에게만 의미가 있는 것이 아니다. 태양과 달, 심지어 블랙홀에도 공통된 기준점으로 작용한다.

그렇다고 그가 자기 진료실 문패에 '중력 전문가'라고 쓸 수는 없다. 그는 굉장히 유명한 정형외과 의사였다. 내가 그를 찾은 것도 그 때문이었다. 나는 그가 자기 분야에서 최고라는 것을 알고 있었다. 그는 예전에는 팔꿈치 진료도 같이 봤으나 어느 날부터 그조차 그만두고 오로지 무릎 관절만 연구한, 오직 한 분야에만 집중한 사람이었다. 수백 수천 개의 반달연골과 결합조직, 인대를 보았지만 그의 관심은 항상 무릎 관절에 있었다. 노인이든 아이이든 운동선수이든 부상당한 사람이든 가리지 않고, 문제가 있는 부위가 특정 경첩관절이라면 열심히 들여다보았다. 결국 그는 그렇게 해서 자기 분야에서 일인자가 되었다.

이것이 바로 실증주의적 방법론이며, 다윈의 방법론과도 같다. 다윈은 수많은 핀치새를 보았고, 만각류를 분류하는 데만 8년이 걸렸다. 그의 책은 증거 모음집이었고, 증거들은 그가 각 이야기의 기준에 따라 준비한 것들이었다. 다윈은 이야기로 설명할 수 없는 것들은 언급하지 않았다. 그리고 그로 인해 생길 문제를 그는 정확히 알고 있었다.

상상해보자. 한 종이 다른 종보다 우수하다는 것을 인정하려면 우린 무엇을 해야 할까? 아마 도저히 방법을 찾지 못할 것이다. 어찌 되었든 우리는 유기적 존재 간의 상호 관계에 대해 아는 것이 없다는 점을 스스로 인정해야 한다. 이건 얻기 어려운 만큼 꼭 필요한 확신이다. 우리가 할 수 있는 것이라고는 모든 생명체가 기하

급수적으로 번식하려 애쓰고, 각자 삶의 어떤 시점과 어떤 계절, 혹은 특정 세대에서 여러 방식으로 생존 투쟁을 벌이고, 늘 환경의 절멸적인 영향에 노출될 수밖에 없다는 사실을 기억하는 것뿐이다. 이 점을 깊이 생각하다 보면 우리는 자연의 전쟁은 끊임없이 지속되지는 않고, 어떤 생물도 전쟁을 두려워하지 않으며, 죽음은 대체로 빨리 찾아오고, 가장 힘이 세고 건강하고 운 좋은 것이 생존과 번식에 유리하다는 확고한 믿음으로 스스로를 위안할 수 있다.

다윈은 자신의 시대로부터 이해받길 원했다. 그의 인식이 워낙 혁명적이었던 터라, 그는 사람들이 쉽게 이해할 수 있도록 낯익고 친숙한 형식을 선택했다. 그의 이야기는 낯설지 않았고, 그의 어조는 익숙했다. 다윈은 시대의 취향에 맞게 작품을 만들었다. 사람들은 그런 사실을 가끔 지적했다. 물론 작은 목소리로. 이성적인 사람이라면 다윈을 반대한다는 인상을 주고 싶지 않았을 것이다. 그래서 당시 사람들은 이 위대한 저작의 내러티브적이고 퍼포먼스적인 측면을 거의 인지하지 못했다.

다윈은 자연 속에서의 관계, 종들 사이의 상호 의존성 및 상호 관계를 깨지기 쉬운 균형으로 묘사했다. 그는 세상을 종으로, 개체로 나누었을 뿐 그들 사이의 관련성은 설명하지 않았다. 굳이 설명해야 한다면 선택적 압력과 절멸, 번식의 기준에서만 했다. 그가 본 자연에서는 협력이 일어나지 않았고, 그가 개발한 학문도 협력의 생물학이 아니었다. 물론 그 역시 자연에서 그런 협력적 관계를 보기는 했지만, 작품에 담지는 않았다. 어쨌든 자신이 선택한 이야기 형식으로는 쓰지 않았다. 그의 인식은 시대의 반영이자, 시대의 환상 및 그 시대 사람들이 갖고 있던 강박적 집착의 반영이었다. 『종의 기원』이 출간되기 2년 전인 1857년 9월, 다윈은 자기 동료이자 우군인 토머스 헨리 헉슬리에게 쓴 편지에서 이런 소망을 밝혔다. "비록 내가 살아서 보지는 못하더라도 언젠가 반드시 각각 위대한 자연 왕국의 진정한 계보가 나올 날이 올 거라고 믿습니다."

자연을 왕국으로 보는 사람은 자연을 왕조적 지배 관계로 이해하고, 권력 투쟁으로 묘사할 것이다. 다윈 역시 그랬다. 그것도 정밀하고 타당하게.

그러나 자연에는 왕이 없다. 자연은 왕국이 아니고, 지배자도 없다. 심지어 도저히 근절할 수 없는 믿음이지만, 인간도 자연의 지배자가 아니다. 하지만 신학자 다윈은 기독교 지배 관계를 진화론에 적용해서 자연의 지배

질서를 만들어냈다. 그 정점에는 인간이 있었다. 인간은 그에 우쭐했다.

기원에 대한 질문, 즉 우리 인간이 어디서 왔고 어느 가족에 속하는지에 대한 질문은 여전히 답을 찾지 못하고 있다. 현대 과학은 지금도 그 일에 매달리고 있으며, 불과 몇 년 전에야 인간이 침팬지 및 고릴라와 함께 사람아과로 분류되었다. 게다가 분류학에서는 고세균이라 불리는 미생물이 자신의 '왕국'을 갖고 있는지를 두고도 논쟁이 벌어지고 있다. 이처럼 우리는 삶의 혼돈 속에서 방향 정립에 필요한 질서를 찾기 위해 '왕국'과 같은 우리에게 익숙한 개념들을 사용한다.

클로드 레비스트로스도 특정 관점을 형성하고 강요하는 사회의 서사 형식, 즉 내러티브에 사로잡혀 있었다. 그는 1986년 『가족의 역사』라는 책의 서문에서 단 한 단어로 그런 측면을 드러낸다.

처음에는 민속학자, 나중에는 민족학자, 오늘날에는 사회인류학자라 불리는, 20세기 최고의 지성 중 한 명인 레비스트로스는 가족에 관한 고찰로 자기 분과에서 논쟁을 일으킨다. 그에 따르면 가족 연구는 수평적 관점과 수직적 관점으로 구분된다. 어떤 이들은 핵가족을 연구 중심에 놓고 역사의 동력으로 바라보는 반면 어떤 이들은 왕조, 즉 시대를 아우르는 동맹의 지속 시간을 중심에 놓는다.

레비스트로스는 가족의 이중적 성격에 관해 이야기한다. 가족은 생물학적 필요성에 뿌리를 두고 있는 동시에 사회적 강요에 예속되어 있다는 것이다. 그는 이러한 인식을 다음과 같이 요약한다. "만일 여성이 아이를 낳지 않고 임신과 양육 과정에서 남성의 보호를 받지 못한다면 어떤 사회나 인류도 존재할 수 없다."

여기서 보호를 '남성'으로만 국한하지 않는다면 이 진술은 거의 정확하다. 하지만 남성의 보호로 한정하는 순간 터무니없는 것이 튀어나온다. 임산부에게 보호가 필요한 것은 당연하다. 그러나 그것을 남성의 보호로만 국한하는 것은 당연하지 않다. 가족의 안전과 포근함, 보호는 남성의 전유물이 아니라 남성과 여성에 상관없이 그 자체로 매우 인간적이고 생존에 필수적인 것이다. 모든 살아 있는 것은 보살핌과 결속, 믿음, 충성, 우정, 사랑에 의존한다. 그런데 이 사회인류학자는 이 욕구에서 가부장적 체제를 만들어내고 그로써 남성의 지배권을 이끌어냈다.

혹자는 레비스트로스가 과학자로서 현실을 있는 그대로 기술한 것뿐이라고 변호할지 모른다. 누가 뭐라 하든 현실 사회에서는 보호의 주체가 남성이라면서 말이다. 하지만 터무니없는 소리다. 남성만이 보호의 주체일 수는 없다. 여성도 가정을 지킬 수 있고, 자매와 사촌, 이웃, 이모, 할머니도 서로 도울 수 있다. 여성 없는 사회는 존재하지 않건만, 이 사회인류학자는 단 한 단어로 여성에게서 행위자 성격을 박탈해버렸다.

이 단어에 담긴 남성적 오만함과 경솔함으로 인해 이미 서문부터 망가진 책에서 뭘 더 기대할 수 있을까? 이 작품을 '남성의 책'이라는 한마디 말로 규정해버리는 것을 부당하다 할 수 있을까?

이 비판이 레비스트로스의 책을 전체적으로 무익한 것으로 판정해버린다면 그럴 수 있다. 하지만 이 작품은 한 가지 문제점만은 매우 정확히 묘사한다. 바로 가족 같은 것은 현실에 존재하지 않으며, 가족을 구축하려고 하는 사람은 항상 하나의 이해관계를 좇고 있다는 것이다.

모든 친족 관계는 자의적이다. 그렇다면 보편타당한 시스템을 찾으려는 시도는 무의미하다. 친족 관계를 전체적으로 일목요연하게 설명하는 것은 의도치 않게 우스꽝스럽게 비칠 때가 많다. 횡설수설의 위험은 늘 존재한다. 연구자들도 이 위험을 너무 잘 알고 있지만, 한 유명한 여성학자의 다음 보기가 보여주듯이 그것을 포기하지는 않는다.

"북아메리카의 인디언 부족 이로쿼이족과 휴런족은 어머니의 자매를 어머니, 어머니의 형제를 삼촌이라 부른다. 같은 이유로 아버지의 형제는 아버지, 아버지의 누이는 고모라 부른다. 어머니와 어머니 자매의 자녀, 아버지와 아버지 형제의 자녀는 모두 서로를 형제자매로 여기고……."

이런 설명 끝에 저자는 진지하게 덧붙인다. 우리가 친족 명칭에 집착하면 이 모든 '이국적인' 가족 상황에 대한 설명은 즉시 현실성을 잃게 된다고.

나는 어머니의 자매를 이모가 아니라 '고테'라고 불렀다. 대모라는 뜻으로, 나만 그렇게 말했다. 어머니는 자매들을 이름으로만 부를 뿐, 자매라 칭한 적은 한 번도 없었다. 어머니 자매의 남편은 내게 이모부, 그것도 특별하고도 아이러니한 이모부 uncle였다. 반면 의붓아버지의 누이는 마찬가지로 전혀 피가 섞이지 않았음에도 100퍼센트 고모 aunt였다.* 그 말에서 기대할 수 있는 사랑스럽고 독특한 요소가 모두 깃든 고모 말이다.

---

* 서양에서는 이모, 고모, 숙모를 모두 aunt라 부르고, 삼촌, 숙부, 백부, 이모부, 고모부를 모두 uncle이라 칭한다는 점을 염두에 두고 읽기 바란다.

나는 무엇이 사회인류학 모델에 맞는 것인지 모르겠다. 어쩌면 인간의 혼란스러운 친족 관계에 질서를 부여하려는 연구자 자신에게만 그런 모델이 존재하는 게 아닐까.

이 연구의 결과는 내러티브의 힘으로 작동하고, 다윈처럼 설득력 있고 마찬가지로 침울하다. 가족 관계에 관한 탐사는 곧 인간 실존의 끔찍한 측면에 관한 탐구다. 예를 들어 어떤 저자는 자식을 죽인 한 시골 여성에 관한 연구를 기반으로 농촌 하층민의 사회 구조를 재구성한다. 결과는 당연히 충격적이다. 여성의 곤궁, 아이들의 궁핍, 고단한 삶과 가난, 굶주림, 폭력에서 벗어날 가망이 전혀 보이지 않는 미래. 자식과의 관계는 생존의 압박으로 위태로워진다. 죽음은 어디에나 존재하고, 생활 조건에 대한 설명은 불의에 대한 설명이자, 국가의 복지와 보살핌, 보호가 없는 사회의 무자비함에 대한 설명이다.

이 연구는 누군가의 병력病歷처럼 구체적임에도 불구하고, 특정 상황 때문에 실패할 수밖에 없다. 이 상황은 희한하게도 하필 평등한 상속 체계 아래에서의 형제자매 간 관계를 연구한 한 논문에 지나가듯이 표현되어 있다. 프랑스, 좀 더 정확히는 브르타뉴의 어느 지방에는, 어떤 상속자든 다른 상속자들보다 더 우대하는 것을 금지한

법이 있었다. 이 논문에는 모든 조사에서 맨 꼭대기를 차지해야 할 것이 배제되어 있다.

"우리는 일단, 자녀에게 상속해줄 것이 전혀 없었던, 19세기 인구의 약 40퍼센트에 해당하는 일용직 노동자를 이 서술에서 제외해야 한다. 그들에게는 부과할 세금이 없었기에 양도증서라는 것이 있을 리 없었다. 그들은 물질적, 사회적 자본 없이 죽었다. 10년 주기로 정리하는 등기부에는 그들의 이름 뒤에 이따금 '궁핍'이라는 말이 기재되었다."

결국 가난한 사람들은 이런 이야기의 일부가 될 수 없었다. 그럼에도 그들은 존재했다. 그걸 누가 부인하겠는가! 내 아버지도 존재했다. 지금 그에 관한 흔적이 전혀 남아 있지 않음에도 말이다. 아버지는 이 땅에 살았고, 누군가를 사랑했고, 꿈을 꾸었고, 일을 했고, 희망을 품었고, 어떤 때는 괴로워하다가 다시 희망을 품었다. 지금 우리에게 당시의 일용직 노동자들은 존재하지 않는 사람들이다. 그들에 대한 자료가 없기 때문이다. 하지만 동시대인들에게 그들은 분명히 존재했다. 당시 사회는 농부, 프롤레타리아, 농장 일꾼, 목수, 가구장이, 청소부, 함석장이 같은 이들의 힘으로 돌아갔다. 누군가는 씨를 뿌리고, 누군가는 수확을 하고, 누군가는 곡식을 빻고,

누군가는 빵을 만들었다. 늘 술집이나 식당에 앉아 있는 사람은 화장실이 깨끗이 청소된 것을 눈치채지 못한다. 하지만 누군가는 보이지 않는 곳에서 그 일을 하고 있다. 그건 자명하다. 우리는 그들의 이름을 모르지만, 그들과 함께 살아가고 그들에게 의존한다. 그건 화장실 청소보다 더 중요한 일에서도 마찬가지다. 사실 솔직한 사람이라면 사회가 원활하게 돌아가는 것이 그들보다 돈을 더 많이 버는 자신 덕이 아니라 바로 이 사람들, 즉 묵묵히 더러운 일을 하는 이들의 덕이라는 사실을 인정할 수밖에 없을 것이다.

더러운 일은 충분히 많다. 하지만 여기선 이것이 주제가 아니다. 이 책은 처음부터 인구의 절반 가까이를 고려 대상에서 제외한 사회인류학을 어떻게 해야 좋을지 따지는 자리도 아니고, 사회인류학의 의미와 필요성, 성공을 논의하는 자리도 아니다. 다만 우리의 학문 분과들과 그 방법론을 얼마나 신뢰할 수 있는지 묻고, 우리가 실제로 무엇을 알고 있는지, 우리의 언어로 무엇을 드러내고 있는지, 그리고 특히 무엇을 숨기고 왜 숨기는지 질문을 던질 뿐이다.

현실이 있고, 그것을 표현하는 언어가 있다. 이 둘을

구분하는 것은 극히 어렵다.

이야기는 객체인 동시에 주체다. 자기 논리에 따라 저절로 생겨나기 때문이다. 이렇게 얘기하면 섬뜩한 느낌이 들지 모른다. 하지만 이야기 뒤에 무슨 유령 같은 게 숨어 있다는 게 아니다. 어린 시절에 우리가 했던 경험, 예를 들면 새로운 현실을 설정하는 상상 놀이 같은 걸 말한다. "이제 나는 선장이고, 너는 나의 선원이고, 여기 있는 이 의자는 우리의 배야!"

그럼에도 분명 한 가지 차이가 있다. 결국 나는 이 세상에 존재한다. 세상과 나는 서로 다르다. 언어는 나의 것이고, 그 기원은 나의 안에 있다. 사람이 없는 세상이 있다면 그건 언어가 없는 세상일 것이다. 언어 없는 세상을 생각하는 것만으로 이미 머리가 지끈거린다. 생각은 언어가 있기에 존재한다. 따라서 하나가 없이는 나머지 하나도 존재할 수 없다. 이 세상에서 사람, 언어, 생각을 빼면 뭐가 남을지 도무지 알 수 없지만 무언가가 남긴 할 것이다. 세상이 언어로만 존재하지는 않으며, 세상은 이야기 이상의 무언가라는 사실은 어떤 인간에게는 필수적이다. 오해를 피하기 위해 좀 더 정확히 얘기하자면, 어떤 서구인에게는 그렇다는 말이다. 자기 생각과 언어를 세계 자체로 여기는 서구인은 분명 존재하며, 이들은 이른바 미친 인간으로 불린다. 하지만 말도 안 되는 것을 믿고 비이성적인 믿음 체계에 빠진 사람들만 여기에 해당하는 게 아니다. 결단코 아니다. 제정신인 사람과 미친 사람 사이에서 반박의 여지가 없을 만큼 명확하게 경계선을 그을 수 있는 사람이 있을까. 아니, 제정신인 사람은 미친 사람과 함께 있어야만 존재할 수 있다. 그들은 서로의 전제 조건으로 낮과 밤처럼, 혹은 무딘 것과 뾰족한 것처럼 서로 관계를 맺고 있다. 미친 사람은 제정신인 사람을 미쳤다고 생각하고, 그 반대도 마찬가지다. 따라서 합리적인 서구인이 이 세상에 대해 안다고 생각하는 것들 속에는 미치광이의 입장도 담겨 있고, 그렇기에 위험도 계속 남아 있다. 미망과 오류, 무지의 위험이.

무지라는 놈은 참 요상하다. 없음에도 존재하기 때문이다. 그건 관심과 지식, 실천의 결핍 상태다.

세계에 대한 총체적 의심을 뜻하는 회의주의는 언어와 생각 자체를 덮칠 수 있다. 게다가 그것은 언어 자체에서 비롯되고, 언어 속에 포함된다. 사물과 말은 일치하지 않지만, 우리는 그런 것처럼 군다. 사실 개념들의 의미는 불확실하다. 완전한 확신이 있는 사람이든 그렇지 않은 사람이든 거의 똑같다. 극단은 일치하지 않지만, 서로 닮은 특이점이다. 그 사이의 영역은 무질서하고 복잡

하고 진실하다.

서구인은 모든 것에서, 이른바 자신과 언어, 세계 사이에서 균형을 찾는다. 그들은 이 균형 때문에 자신이 사는 사회를 민주적이라 부른다. 하지만 이 균형 이전에 이미 누군가가 그것으로 혜택을 받고, 누가 그런 사회의 일원이 될지 말지 결정된다는 사실에 대해서는 신경 쓰지 않는다. 특권을 결정짓는 것은 출신 성분이다. 어느 나라 사람이냐, 어느 문화권, 어느 가정 출신이냐가 중요하다는 말이다. 이러한 소속은 삶에 결정적일 뿐 아니라 엄격하게 규제된다.

서구인으로서 이런 상황을 아무리 비틀고 돌려보아도 언어와 사고는 세상과 잘 어울리지 않는 듯하다. 언어와 사고는 필수적이지만, 이 세상에서 자기 자리를 차지하고 나름의 방향을 잡고 스스로에게 출신을 부여하기에는 충분치 않아 보인다. 좌표를 결정하려면 세 번째 지점, 바로 '가변성'이라는 지점이 필요하다. 이것은 어떤 땐 이념, 어떤 땐 사랑, 어떤 땐 신이라 불린다. 이 개념들은 일치하거나 상호 교환이 가능할 때가 많은데, 서구인은 이것을 종교라고 부른다.

이 세 번째 지점을 뭐라고 부르든 서구인은 이것을 처분하고 싶어 하지 않는다. 그들은 자신이 이해할 수 없고 의심할 수 없고 논쟁할 필요가 없는 관점을 원한다. 이제 하늘 아래 모든 것은 돌이킬 수 없는 명칭을 얻게 된다. 사랑이라는 이름으로 내일 무슨 일이 일어날지 오늘 말할 수 있는 사람이 있을까? 누가 신의 이름을 알까? 어제 신의 이름은 무엇이었을까?

서구인은 형이상학을 강등시켰다. 무지로도 성공하지 못한 일이다.

시선을 현재의 코로나 사태로 돌려보면, 바이러스에 효과적인 백신을 개발할 수 있는 것은 진화유전학 덕분이다. 바이러스가 속한 계통을 알면 바이러스를 퇴치할 수 있다. 그런데 우리는 진화유전학에 백신 개발은 기대할 수 있지만 그것의 공정한 배포는 기대할 수 없다. 백신이 공정하게 분배되려면 다른 분과가 필요하다. 예를 들면 윤리학이나 정치 같은 영역 말이다. 끝내 백신의 공정한 분배는 이루어지지 않았고, 특권층은 계속 혜택을 누렸으며, 영원히 갖지 못한 자들은 또다시 빈손으로 돌아가야 했다. 나는 다윈의 이야기가 어쩌면 이 공정한 분배를 막은 게 아닌가 하는 의문이 든다.

『종의 기원』은 오랜 시간에 걸쳐 발전해온 진화 과정을 설명하는데, 진화를 사회적 과정이 아닌 생물학적 과정으로 묘사한다. 민주주의를 신봉하는 서구인들은 이 차이에 주목하며, 다원주의 원칙에 따라 세상을 설명하거나 구축하려는 모든 시도를 비난한다. 다윈의 생물 진화론을 인간 세상에 그대로 대입하려는 사회다윈주의는 양도할 수 없는 인권이 토대를 이루는 민주적 법치 사회와는 결코 합치되지 않는다며 말이다.

우리는 모든 사회다윈주의적 접근 방식을 윤리적으로나 사회적으로 거부할 수 있지만, 그럼에도 경제나 삶의 방식 측면에서는 여전히 충실히 따르고 있다. 경제는 민주적이지 않고, 정치가 아닌 법으로 규제된다. 우리의 법은 공평하지 않고, 경계선은 확고하게 그어져 있으며, 그 경계선을 지키는 장벽은 크고 높다. 우리 사회에서 법은 누구에게나 똑같지 않다. 법은 인권이 아니라 특권이다. 사람들은 특권을 갈망하고, 특권을 얻기 위해 치열하게 싸운다. 그 과정에서 경쟁의 인기는 높아진다. 사람들은 경쟁이 건강하다고 생각하고, 성장과 번영에 도움이 된다고 말한다. 우리는 다윈에게서 많은 것을 배웠지만, 그가 수사적으로 묘사한 것을 우리 사회에 너무 규범적으로 적용했다.

다윈의 이념은 다른 이념을 거의 다 몰아낼 만큼 성공적이었다. 그것도 어떻게 해야 사회가 제대로 기능할 수 있느냐는 측면에서 그러했다. 사회적 기능에 대한 이념은 모두 환원주의적인데, 오늘날 우리가 처한 갖가지 도전, 가령 팬데믹, 생물 멸종, 기후 변화 같은 것을 극복하는 데 도움이 될 이념들은 과거에 이미 상당수 개발되었음에도 우리 사회는 그것들을 잊어버렸다.

우리 시대 사람에겐 1859년 11월 이전에 과학계에서 일어난 일이 낯설다. 당시는 전근대의 영역이다. 아니, 원한다면 우리 사회의 유아기 또는 태아기라고 명명해도 상관없다. 다윈에게 큰 영향을 끼친 토머스 칼라일의 작품도 그 시대에 속한다. 칼라일은 당시 영향력이 무척 큰 사상가였지만 오늘날엔 거의 잊혔다. 그는 영국에 독일 문학을 소개한 인물로서 낭만주의자, 그것도 권위주의적 낭만주의자였다. 칼라일은 1830년, 그러니까 『종의 기원』이 나오기 거의 30년 전에 저서 『역사』에서 실증주의적 과학으로는 도저히 풀 수 없고 오히려 더욱 꼬이게 할 뿐인 문제 하나를 제기했다.

> 아무리 재능이 뛰어난 사람도 자신이 받은 일련의 인상만 관찰하고 기록할 수 있다. 따라서 그의 관찰은 인상들의 다른 불완전성은 차치하더라도 순차적일 수밖에 없다. 반면에 실제 사건은 동시적으로 일어날 때가

많다. 일어나는 일은 결국 순차적으로 발생하는 연속이 아니라 하나의 뭉텅이다. 그것은 서술된 역사 속에 나타나는 것과는 다르다. 실제 사건은 부모와 자식처럼 하나가 다른 하나를 낳는 관계가 아니다. 모든 개별 사건은 어떤 사건의 자손이 아니라 과거에 또는 동시에 발생한 다른 모든 사건의 자손이고, 다른 모든 사건과 연결된 상태에서 새로운 사건을 낳는다. 그것은 무수한 요소 중에서 하나의 형태가 차례로 만들어지는, 영원히 살아 있고 영원히 작동하는 존재의 혼돈이다.

칼라일은 인지적 맹목성의 문제, 즉 순차적 내러티브를 통한 현실의 재현 불가능성을 이야기한다. 『종의 기원』이 출간되기 전에 이미 이 책을 반박하는 듯하다. 하지만 이 해결할 수 없는 문제는 안타깝게도 과학의 진보로 인해 더욱 악화되었다.

나는 살아오면서 구조, 체계, 질서에 관한 이야기를 많이 들었다. 인문학은 의심의 여지 없이 질서정연함을 추구했고, 또 다른 새로운 영역들에 인문학적 방법론을 적용할 수 있는 시스템을 개발하려 애썼다. 인식은 체계적으로 파악되었다. 사람들은 그룹을 위한 규칙을 찾았고, 다시 그 규칙 속에서 그룹을 파악했다. 그런 규칙이 적용되지 않는 개별적 특수 사례는 여전히 문제로 남아 있었지만, 사람들은 과학적 모델이 이미 바닥을 드러냈고 역사는 규칙에 따라 진행되지 않는다는 사실을 거의 잊어버렸다. 모든 것은 일회적으로 발생할 뿐이다. 이는 구원과 고통에도 적용된다. 요즈음 크렘린에서 한 파시스트가 미쳐 날뛰며 이웃 나라를 죽음과 파괴로 뒤덮고 수백만 명을 기아에 빠뜨리고 있다. 우리는 그런 자를 이번에 처음 본 게 아니고, 혹자는 그 속에서 체계성을 찾는다. 하지만 이성적인 사람이라면 그 파시스트가 체계적인 필연성의 산물이라고 믿지 않는다. 당시엔 다른 사람을 선택할 수도 있었고, 그것은 얼마든지 가능한 일이었다. 그리로 이끈 것은 인간의 결정이었지 자연법칙이 아니었다. 우리가 처한 세상은 인간적 선택의 결과다. 만일 우리가 그런 개인적 결정을 토대로 사회적 결정을 내린다면 더 나은 인식은 있을 수 없다.

이전의 모든 사회가 그랬듯이 지금 우리도 우리 사회 속에서 무슨 일이 일어나고 있는지 전혀 모른다. 우리는 무지의 커튼 앞에 서 있다. 그런 가운데 가끔 누군가 용기를 내어 그 커튼을 슬쩍 젖히면 다른 연관성이 보인다.

다윈의 모델은 단순한 이론적 모델에 머물지 않는다. 그의 '생존 투쟁'은 단순한 은유나 언어가 아니라 매일같이 일어나는 현실이다. 내가 이 글을 쓰고 있는 여름, 서유럽인들은 그에 대한 예를 굳이 멀리서 찾을 필요가 없다. 우리는 매일 컴퓨터 화면에서 그 예를 발견한다. 모로코의 스페인 비지飛地*에서는 사람들이 차단벽을 넘으려다 죽어가고, 러시아군이 우크라이나에 폭격을 가한다. 남미에서 중동에서 중국에서 살인이 계속 자행된다. 사실 어디에서든 그런 일이 일어난다. 지구상에 더는 죄악에 물들지 않은 천진무구한 섬은 없다. 세계정신은 경제적으로 사고한다. 자유무역은 완벽한 승리를 거두지는 못했지만 광활한 영토를 얻었다. 그것을 이끈 힘은 화석에너지와 자원 착취, 그리고 낮은 엔트로피에서 높은 엔트로피로의 전환이다.

분석 수단은 이러한 발전의 동력이다. 과학은 이 수단이 줄어들 때만 속도가 느려진다. 대세 순응주의와 기회주의가 판을 친다. 연구 독립성과 전혀 관련 없는 시스템을 갖춘 특정 유럽 대학들도 그에 가담한다. 이러한 공모는 군사 조직에 더 가까워 보이는 중국 기관과 유럽 대학의 협력에서 인상적으로 입증된다.

---

* 본국과 떨어져 다른 나라의 영토에 둘러싸여 있는 자국 영토.

지식, 기술, 에피스테메*, 그리고 그런 형태의 공모를 세상에 가져온 방법론은 민주주의를 파괴하고 인권을 파괴한다. 이런 실태를 누구보다 잘 보여주는 이들이 바로 중국 재교육 수용소에 갇힌 위구르인들이다.

도구적 이성은 우리에게 제대로 일할 것을 요구한다. 하지만 우리 사회가 언제쯤 제대로 일할 수 있을까?

얼마 전 나는 광고탑에서 중국 국립 서커스단의 공연 포스터를 보았다. 올가을 취리히 인민의 집에서 열리는 공연이었다. 레닌이 세상을 바꾸기 위해 방탄 열차를 타고 모스크바로 향하기 전에 유명한 연설을 했던 그 장소였다. 취리히 인민의 집에서 중국 국립 서커스단의 공연이라니! 이게 무슨 의미인지는 아무도 모르지만, 그리 좋은 뜻이 아니라는 것은 누구나 짐작한다.

문화에 관심이 많은 서구인이라면 그리스의 모나스티라키와 신타그마 광장에서 걸인들이 관광객에게 애절한 표정과 몸짓으로 구걸하는 모습을 쉽게 발견할 수 있다. 이들은 오후의 열기 속에서 축축하게 반짝이는 곪은 상처와 진물이 흘러내리는 팔뚝을 내보인다. 심지어 따

---

* 시대마다 어떤 사조와 문화의 뿌리를 이루는 사회적 무의식의 체계. 즉 인식의 조건을 가리킨다.

뜻한 눈을 한 젊은 여성이 화상을 입었거나 엉망으로 뒤틀린 얼굴 절반을 보여주기도 한다. 그 얼굴에는 귀가 하나 없다. 잘려 나갔거나 불에 타버렸거나, 어쩌면 먼저 불에 타고 그 뒤에 잘라낸 것일 수도 있다. 어쨌든 겉으로만 보고는 알 수가 없다. 사실을 확인하려면 이 장애가 어떻게 생겼는지, 원인이 무엇인지 직접 물어보아야 하지만 누가 감히 입이나 뗄 수 있을까? 누가 상상이나 할 수 있을까? 다만 문화에 관심이 많은 서구인이라면 그리스의 모리아와 알레포 난민 수용소에서 무슨 일이 있었는지, 그 섬들에서 여전히 무슨 일이 일어나고 있는지 알 것이다.

삶은 시간적 진행의 의미에서 혈통으로 표현될 수 없다. 삶은 순간적이며, 그 속에 삶의 경이로움이 있다. 늙은 다윈은 그것을 알고 있었다. 그를 유명하게 만든 그 책은 위대하고 진실한 이야기이고, 그 속에 묘사된 것은 실제로 일어난 일이다. 그러나 『종의 기원』은 특정한 기원 이야기에 사로잡힌 19세기에 쓰여졌다. 이 이야기는 상승과 투쟁, 몰락의 진로를 따르며, 삶 자체를 투쟁으로, 다시 말해 힘과 감정, 충동의 충돌로 묘사한다. 자세히 들여다보면 나의 성공도 19세기의 이 이야기 덕분이었다. 물론 개인적인 투쟁이 아닌 국가 간의 투쟁 덕분이었지만.

나의 가난한 아버지는 빚밖에 남기지 않았지만, 나는 세계에서 가장 잘살고 생산적인 국가 중 한 곳에서 태어났다. 스위스 경제는 전설적인 명성을 누렸다. 아버지는 그런 명성에 대해 들어본 적이 없었다. 아버지처럼 경제적으로 쪼들리며 산 사람은 드물었다. 물론 어디든 있기는 있겠지만 드물었다. 정확히 얘기해서, 어느 사회든 낙오자는 있기 마련이다.

21세기에서 한 인간의 삶을 결정짓는 첫 번째이자 가장 중요한 요소는 바로 국적, 즉 출신 국가다. 국적은 그에 속한 인간에게 적법한 기회를 보장하고, 인간이 성장할 수 있는 영토를 제공하고, 구성원이 따라야 할 법을 부여하고, 교육 및 사회 안전망을 책임진다. 그런데 국가가 한 인간의 출신을 명확히 밝히는 방식은 지극히도 자의적이다.

나의 스위스 국적은 생물학적 혈통으로 정의되었다. 스위스 여성이 낳은 아이는 스위스 국적을 받았다. 스위스 남성과 결혼한 외국 여성의 아이도 마찬가지였다. 만일 아이가 딸린 스위스 여권이 없는 여성과 결혼한 스위스 남성이 친절하게도 아이를 자기 밑으로 받아들일 용의가 있다면 이 아이도 스위스 여권을 받을 수 있었다.

귀화를 원하는 사람은 꼼꼼한 심사를 받아야 했다. 심지어 때로는, 자신의 자의적이고 부당한 태도를 조금도 부끄러워하지 않는 시민위원회의 심사를 받기도 했다. 화나는 일이지만, 한 인간을 한 집단에 명확하고 체계적으로 분류하려는 모든 시도는 자의적이고 잠정적이었다. 국적 취득을 위한 규범은 확고하게 제정되고 시행되었다. 그것을 받아들이지 않으려는 사람은 낭패를 보았다. 자신의 출신에 동의하지 않는 사람에게는 한 가지 선택밖에 없었다. 도주였다.

사물 세계, 그러니까 상품과 테크놀로지의 세계에서 사물의 기원은 한 요인일 뿐 문제가 되지 않는다. 설령 예쁜 물건에서 어느 지옥에서 온 유혈 낭자한 보석이 발견되어도 대개는 그냥 넘어간다. 사람들은 물건과 도구, 가구가 그 기원에서부터 흠잡을 데가 없기를 바라긴 하지만, 그것들이 원래 기능만 잘 수행하면 기원을 문제 삼지는 않는다. 즉 자잘한 악 정도는 충분히 견뎌낸다. 예를 들어 스마트폰이 제대로 작동하는 한 우리는 콜탄을 생산하는 과정에서 발생한 환경 파괴와 착취, 살인을 관대하게 넘긴다. 물건에서 우선시하는 것은 기원이 아니라 목적이다. 공급망은 끊기지 않아야 하고, 공급 과정에서 발생하는 일은 부차적이다.

인간은 그 반대다. 우리 사회의 구성원은 자신이 원하는 만큼 성실하고 자기 목적에 맞게 살 수 있지만, 그 사람과 그의 운명을 결정하는 것은 바로 국적이다.

그런데 국적에는 문제가 있다. 그건 나의 국적뿐 아니라 다른 모든 이의 국적도 마찬가지다. 국적이 무엇을 의미하는지는 아무도 모른다. 언어? 문화? 유전자? 혹은 이 모든 것을 다 합친 것일까? 아니면 그중 하나일까? 하나는 다른 것들과 마찬가지로 굉장히 임의적이다. 국적은 근거나 본질이 없는 하나의 발명이자 허구이다. 파시스트와 민족주의자만 국적을 따지고 그 순수성을 강조한다 해도, 현실에서 삶의 행로는 출생 전 이미 국적을 통해 결정된다. 그 부당함이 하늘을 찔러도 사람들은 국적을 포기할 수 없다. 누구나 하나의 국적이 필요하고, 하나의 국적을 갖고 있다. 국적이 없는 사람은 국가가 없는 사람으로서 국제법상 이단아다. 국적을 둘 이상 가진 사람 역시 이도 저도 아닌 수상쩍은 존재로 취급받는다. 누구도 두 주인을 섬길 수는 없다. 충성과 신의는 오로지 하나의 조국에만 바쳐져야 하니까.

이름 사용법

 인간이란 무엇일까? 인간은 순간을 살지만, 순간에서 보편을 추상화할 수 있는 존재다. 인간은 자기 자신과 자신의 세계, 생각, 언어를 추상화할 수 있다. 의식은 애초에 이 추상화이고, 인간은 추상화를 통해 문화를 만들어 낸다. 이런 식으로 우리는 어쩌면 우연이라고 부르는 것만 제외하고 모든 것을 창조한다.

 이제 이 인간은 자신의 환경을 구체화할 필요를 느낀다. 하지만 동시에 그게 쉽지 않은 일임을 직감적으로 깨닫는다. 주변 환경을 이해하려면, 그리고 자신이 처한 딜레마에서 벗어나려면, 언어나 생각이 아닌 세상 안으로 들어가야 한다. 세상은 닫혀 있는 것 같고, 도취 상태나

꿈속, 무아지경, 기도할 때 외에는 세상 안으로 들어가는 입구를 찾을 수 없을 것 같다. 이 상태는 경이롭고 상쾌하고 풍요로운 기분을 안겨줄지 몰라도, 자기 자신을 중심축으로 놓고 팽이처럼 돌면서 정신적인 안정성을 만들어내는 행위일 뿐이므로 세상 안에 들어가지도, 세상 밖으로 나가지도 못하게 한다. 우리를 세상 안으로 들어가지 못하도록 방해하는 원인이 바로 우리가 기원을 명확하게 밝힐 목적으로 너무 자주 사용하곤 하는 언어와 개념, 어휘다.

우리는 하늘의 현상, 예를 들어 '권층운'이나 '양떼구름' 같은 것들을 안다. 내 창문으로는 가끔 '항적운'도 보인다. 나는 이 이름들이 무엇을 뜻하는지 알지만, 이상하게도 이 현상들은 하나의 이름을 갖게 되자마자 나의 구체적인 관찰에서 사라진다. 이름은 실제 현상을 은폐한다. 원래 이름은 현상을 원인 및 기원과 연결시킨다. 구름은 응결 현상과 연결된다. 하늘에서 물방울은 마찰을 통해 긴 띠처럼 응결된다. 즉 증발된다. 이 이름은 과거, 즉 이미 일어난 일을 가리킬 뿐 현재는 좀처럼 생생하게 드러나지 않는다. 그럴 때 단순한 비유가 등장한다. '구름이 양떼처럼 보인다' 같은 비유다.

미래도 명확하게 드러나는 일이 거의 없다. 서구인은

더 이상 별자리를 읽고 해석하지 않는다. 그런 일은 그들 사회에서 이미 밀려났다. 시를 쓰지 않는 한 공개된 자리에서 별자리를 언급하는 사람은 없다. 별자리는 개별 사례, 혹은 개별 사례들의 만남으로 이루어진다. 항적운은 혼자서 찾아오지 않는다. 날씨가 좋을 때만 생기고, 내 창문 너머 들까마귀 떼와 함께 온다. 까마귀들은 까악까악 울면서 구급차의 사이렌 소리와 함께 하늘의 항적운에 합류한다. 서구인이라면 이런 것들에서 무엇도 도출해낼 수 없다. 그것을 타당치 않다고 여겨서다. 까마귀, 항적운, 사이렌은 각각 원인이 다르다. 그것들의 우연한 만남에 무슨 의미가 있을까? 그 반대를 주장할 때 문학과 꿈과 예언, 그러니까 비과학적인 것이 생겨난다. 계몽된 서구인에게 까마귀와 항적운, 사이렌은 각각의 범주에 속하고, 우리가 그것들을 새로운 대열에 넣을 수 있을 때까지 계속 그 범주에 갇혀 있다.

서구적으로 생각하는 것, 즉 범주로 생각하는 이런 사고방식이 서구인을 대양과 대륙을 넘어 심지어 우주로까지 데려갔다. 그들을 이끈 이념과 동기는 지구 구석구석으로 퍼졌다. 범주적 사고의 성공은 가히 압도적이다. '사실의 기원을 해독하라, 그러면 우주를 정복할 수 있을 것이다!'

우리가 사는 세상은 모든 것의 기원을 명확히 밝혀둔다. 전기는 콘센트에서, 콘센트는 구리선에서, 구리선은 터빈에서 변압기를 거쳐 나오고, 터빈은 코일에서, 전자구름에서, 자기장에서 나온다.

당신의 세계를 둘러보라. 이제는 약간의 가루만으로도 모든 사물의 기원을 밝힐 수 있다. 테이블 위에는 당신이 아는 물건들이 놓여 있고, 창문은 더 이상 수수께끼가 아니다. 목공이 직접 만들었거나 공장에서 대량 생산한 것이다. 창은 유리로 만들어졌고, 유리는 당신이 이미 들어본 바 있는 원자로 이루어져 있다. 당신은 당신의 주변 세계에 대해 잘 안다. 혹시라도 기원을 모르는 무언가를 발견하면 경찰이나 소방서에 전화를 걸거나, 미확인 비행 물체에 관한 책을 쓰거나, 아니면 이 모든 것을 다 할 수 있다.

항적운이라는 이름에서는 그로 인한 환경적 재앙이 구체적으로 느껴지지 않는다. 조금이라도 환경의식이 있는 사람이라면 그 재앙을 알고 있음에도 말이다. 항적운은 항공 여행 때문에 생기고, 항공은 지구 온난화의 가시적 신호다. 그런 의미에서 항적운은 인간에 의한 대기 훼손을 뜻하고, 환경 파괴와 그 여파를 고려한다면 항적운에는 당연히 다른 이름이 붙어야 한다. 한편 항적운은 인공 구름이고 이는 개념으로서 다시 과거를 가리킨다. 미래와 그 여파를 감안하면 항적운에는 불행을 감지한 이름이 붙어야 맞는다. 고통과 아름다움의 이름이 아니라. 이런 이름에 어울리는 구름은 따로 있다. 이를테면 하늘에서 환하게 빛나는 흰 구름이라든가 석양빛에 물든 일몰의 구름이 그렇다.

용어의 의미는 역사적 산물이 아니라 그것의 사용에서 생겨난다. 단어의 기원을 연구함으로써 언어를 배우려는 사람은 그 언어로 결코 대화를 나눌 수 없고, 언어를 이해하지도 못할 것이다. 예를 들어 수메르어에서 에덴Eden은 낙원이 아니라 그와는 정반대인 '사막'을 뜻한다. 계약, 즉 테스타멘트Testament라는 말도 라틴어 불가타 성경에서는 베르스툼 테스타멘툼Verstum Testamentum, 그리스어 70인역 성경에서는 디아크테케diaktheke, 히브리어 타나크 성경에서는 베리트berit로 번역되며 원래 뜻에서 멀어졌다. 테스타멘트는 계약이나 언약이 아니라 마찬가지로 정반대의 뜻, 그러니까 '절단'을 뜻했다. 정확히 말하면 계약을 최종적으로 확정하기 위해 희생양을 절단한다는 뜻이었다. 거기엔 계약을 어기면 이 희생양처럼 사지가 절단날 거라는 의미가 담겨 있었다. 자기 자신과 자녀의 생명을 소중하게 생각하는 사람이라면 약속을 더 진지하게 받아들일 수밖에 없었을 것이다.

처음으로 헤브론*에 갔던 기억이 난다. 아랍어로 '알칼릴'이라 불리는 이곳은 팔레스타인 요르단 서안의 비옥한 고원 지대에 있는, 인류 역사상 가장 오래된 도시 중 하나다. 지금은 지구상에서 가장 분쟁이 심한 곳으로, 그 다툼의 역사를 따지면 수천 년 전으로 거슬러 올라간다. 그 뿌리엔 아브라함의 아내 사라의 죽음이 있다. 아브라함은 사라를 매장하기 위해 히타이트족 에브론이라는 이방인에게 은銀 400세겔을 주고 들판 끝자락에 있는 막벨라라는 동굴을 산다. 사라는 이곳에서 마지막 안식처를 찾았고, 아브라함도 죽어 이곳에 묻혔다.

오늘날 이 자리엔 교회가 들어서 있고, 교회 안 시신 없는 텅 빈 무덤에 비석이 세워져 있다. 예전에 예루살렘에서 헤브론으로 여행하는 사람은 장벽과 검문소를 따라 이 도시를 느낄 수는 있었지만 정작 들어갈 수는 없었다. 이곳이 팔레스타인 관할구라, 높직한 울타리 앞에 무장 군인들이 지키고 서 있었기 때문이다. 교회는 그 자체로 재앙의 장소였다. 1994년 한 이스라엘 테러리스트

---

* 예루살렘 남서쪽에 위치한 도시. 아브라함, 이삭, 야곱이 살았던 곳으로 전해진다.

가 믿음의 조상 아브라함의 무덤에 총격을 가해 29명이 사망하고 150명이 부상당했다. 살해 동기는 복수였다. 가해자는 1923년 8월 대학살 때 살해당한 이들의 상속인으로서 정당한 복수를 했다고 주장했다. 사실 8월 대학살을 자행한 살인자들도 그전에 죽임당한 선조들의 후예라고 밝혔다. 계속 그런 식이었다. 그 뿌리는 초기 청동기시대까지 거슬러 올라간다. 후손들은 그 뿌리에서 자라난 나무의 열매, 즉 독이 든 과일을 끊임없이 따 먹었고, 그 과일은 후손들을 죽이고 지금까지도 살인자로 만들고 있다.

분위기는 팽팽했지만, 당시의 기괴했던 장면은 지금까지도 기억에 남아 있다. 교회는 시간이 지나면서 상징이 되었다. 이 무덤이 유대교인과 기독교인에게만 신성한 곳이 아니라 무슬림도 숭배하는 곳이기 때문이다. 그들은 서로 원수로 살고 있기에 접촉해서는 안 된다. 신자와 관광객은 신앙별로 나눠진 길을 따라 각각 성전 안 무덤으로 인도되어 교회 한가운데의 모조 무덤에 경배했다. 같은 조상에서 흘러 나왔지만 이제는 신앙이 다른 형제자매들이 무덤 반대편 끝에 서서 경배를 올렸다. 이곳의 영적 힘에 다들 가슴 깊이 감동한 것 같았다. 이 무덤은 그들이 연결되는 장소이자, 그들 스스로 다른 이야기를, 다른 기원을, 다른 대화법을 발견하지 않으면 영원히 서로 분리될 장소다.

우리는 언어를 어원이 아니라 모방, 반복, 이탈, 강조의 방식으로 배운다. 원인 측면에서 보면 언어는 타인과의 사용을 통해, 공동으로, 순간적으로, 그리고 순간과 순간 사이에서 생겨난다.

언어 활동은 주체와 객체를 상정할 수 있을 때 발생한다. 즉 순간적으로 만나는 '나'와 '너'가 있어야 한다. 스스로를 상대와 다른 존재로 경험하는 사람만이 이 모든 이름 없는 주체와 객체, 그리고 그들 사이의 관계에 하나의 자리를 부여하고, 그것들을 관습, 즉 정연한 체계화가 아닌 방향 정립이 첫 번째 목표인 사회적 문법에 고정시킬 필요성을 느낀다. 1993년 토니 모리슨은 노벨 문학상 수상 연설에서 이렇게 말했다. "언어만이 이름 없는 것들에 대한 두려움으로부터 우리를 보호한다."

그렇기 때문에 이름은 외로움에 대한 두려움과 관련이 있다. 외로움은 이름의 기원이자, 이름의 출구다. 우리는 타인과 이야기하고 대화를 나누어야 한다. 그런 대화를 통해서만 우리는 배울 수 있다. 언어는 대화다. 타인과 대화하지 않으면 우리의 세계와 지식, 인식은 제한될 수밖에 없다.

우리는 세상을 현재적으로 만난다. 세상은 그 순간에 인간에게 결정을 요구한다. 어떤 문제도 저절로 해결되지 않으며, 반복을 통해서만 해결되지도 않는다.

루트비히 비트겐슈타인은 1953년에 출간된 『철학적 탐구』 66절에서 독자에게 일반적으로 '게임'이라 불리는 과정을 지켜볼 것을 주문한다. 자신은 이 과정에서 어떤 공통점도 찾지 못하고 차이점만 인식했다면서, 독자에게 미리 생각하지 말고 있는 그대로 보면 보드게임이 구기 종목이나 혼자서 하는 카드게임과 얼마나 다른지 알 수 있다고 말한다. 비트겐슈타인의 관찰 결과에 따르면 승리와 패배, 경쟁은 게임마다 다르게 작동한다. 그럼에도 우리는 그것들 속에서 유사점을 인식하고, 서로 넘나들고 교차하는 복잡한 유사성의 네트워크를 본다.

그는 이런 유사점을 무엇이라고 불렀을까? 그의 말을 직접 들어보자.

"나는 '가족적 유사성'이라는 말 외에 이런 유사점을 더 잘 특징지을 수 있는 말을 찾지 못했다. 가족 구성원 간에 존재하는 다양한 유사성 역시 이런 식으로 겹치고 교차한다. 이를테면 신장, 체격, 얼굴선, 눈 색깔, 걸음걸이, 기질 등등이 그렇다. 나는 이렇게 말하겠다. '게임'이 하나의 가족을 형성한다고."

그에 관해서는 하나의 문화사도 쓸 수 있어 보인다. 그러나 저자는 체념하고, 더 나은 이름을 찾지 못한다. 결국 일일이 나열하지 못하고 지루한 '등등'이라는 단어와 함께 나열을 중단한다. 잠정적으로 결론을 내리듯이. 그러고서 저자는 단호하게 말한다. "나는 이렇게 말하겠다"라고. 이제 결론짓겠다는 뜻이다. 그는 무미건조하기 짝이 없는 단어, 즉 부르주아 사회의 신경증에 해당하는 '가족'이라는 단어를 최종적으로 내뱉는다.

비트겐슈타인은 다윈과 마찬가지로 자연 연구자이자 철학자로서 제국의 틀 안에서 살았다. 그들은 왕조 시대에 맞게 생각했고, 사회적 위계질서를 알고 있었다. 또 자신의 사회적 신분이 무엇인지 알았으며, 모든 면에서 신분 상승을 추구했다. 그러나 기원, 즉 출신이 곧 그 사람의 지위이자 소속이었다. 두 사람의 책 모두에는 비관주의가 담겨 있었다. 그건 머릿속으로 상상한 실망이 아니라 몸으로 체험한 실망이었다. 둘 중 누구도 자신이 속한 세계에서 편안함을 느끼지 못했다. 비트겐슈타인은 실패를 예고하는 내용을 자기 작품 서문에다 썼다. 전쟁이 아직 진행 중이던 1945년 1월, 그는 케임브리지에서 다음과 같은 결론을 내렸다. "나는 좋은 책을 내고 싶었다. 하지만 그렇게 하지 못했다. 내가 개선할 수 있는 시간은 지나갔다."

이 모든 불행 속에서 그는 오직 가족만 바라본다. 그러나 언어는 기원이 아니라 사용이다. 그 사용이 우리가 사는 세상을 만든다.

이야기든 현실이든, 목격자는 자신에게 자행된 일에 대해 그 잔인함과 야만성, 공격성, 고통, 싸움, 방어를 보고한다. 하지만 많은 잔학 행위는 이데올로기와 대안적 내러티브에 의해 뒷받침된다. 푸틴이든, 폴 포트든, 스탈린이든, 히틀러든, 모두가 자기 행동을 정당화할 맥락을 구축한다.

역사에서는 누구나 자신이 원하는 것을 찾을 수 있다. 희생자 신화 뒤에 숨은 영웅주의든, 영적 계시 뒤에 숨은 영토에 대한 갈망이든. 누구나 자신이 원하는 것을, 자기만의 관련성을 찾아도 된다는 것은 상당히 걱정스럽다. 그 사람이 풀어놓는 자유에는 그에게서 시작된 불안과 위험이 내포되어 있다.

우리가 따르는 법칙은 결국 언어이고, 세상을 바꾸고 싶다면 언어를 바꿔야 한다. 우리에게 필요한 것은 가족과 혈통에 대해 다른 문법과 다른 개념이다. 특히 지금의 우리에게는 다른 상속법이 필요하다.

쓰레기에 관한 고찰

현대 상속법은 의외로 젊다. 독일에서는 1902년 최초의 민법과 함께 상속법이 제정되었고, 스위스에서는 1912년에 민법과 함께 상속법이 만들어졌다. 옛 상속법을 토대로 스위스의 새로운 상속법을 만든 사람은 그 유명한 오이겐 후버였다. 이전에는 상속법의 종류가 무척 다양했다. 지역적, 지리적, 경제적 조건에 따라 가족 관계가 각각 다르게 규정되고, 그에 맞추어 상속법도 달라야 했기 때문이다. 상속법이 일원화된 것은 지방의 삶이 근대 도시의 삶으로 편입되고, 농업이 공업으로 이행되는 과정과 함께 이루어졌다. 그에 대한 핵심 조건은 사유재산 개념이었다.

자본주의 사회의 구성원은 누구나 일정 재산의 소유주다. 경제 주체가 되려면 무언가를 소유해야 한다. 설령 몸뚱이에 걸치고 있는 것이 전부라 해도 말이다. 다만 벌거벗은 자와 죽은 자는 예외다. 그 외에 가진 게 없는 사람은 자기 노동력을 팔아야 한다. 내게도 그사이 재산이 생겼다. 가구 몇 점과 집기, 책, 옷, 그리고 약간의 현금이다. 아, 이 빌어먹을 상자도 내 것이라고 할 수 있을까? 원망하고 싶지는 않다. 나는 내가 가진 것에 집착한다. 사유재산은 매일 떠오르는 해처럼 자연스러워 보인다. 하지만 사실 사유재산은 자연스러운 것이 아니다. 사유재산은 하나의 관념이고, 그것은 쉽게 이해되지 않는다. 사유재산은 대개 책상이나 의자, 컴퓨터처럼 하나의 사물로 표명되는데, 물건은 소유의 토대가 아니기 때문이다. 소유는 하나의 관계를 표현하며, 모든 관계는 시간이 지나면 바뀐다. 소유는 항상 똑같이 유지되지 않는다. 우리가 소유물이라고 부르는 것은 구속력 있는 개념 정의에서 벗어나고, 굉장히 다양하게 구분된다. 생각과 농토의 공통점은 무엇일까? 소유 관계? 누군가는 이것 혹은 저것에 대한 권리를 지닌다. 그게 어떤 권리인지는 경우에 따라 다르다. 예를 들어 주식회사의 소유자는 당연히 그 주식을 가진 모든 사람이다. 그럼에도 이들은 자신의 소유권과 그 소유권의 사용 및 처분과 관련해 제한적인 결정권만 갖고 있다. 재산권은 결코 총체적이지 않고, 총체적일 수 없다. 다른 권리들과 충돌하기 때문이다.

물건과 마찬가지로 관계도 영원히 지속되지 않는다. 어제 소중했던 것이 오늘은 고물이 되고 만다는 사실은 물건과 관계 모두에 해당한다. 아무리 귀중한 것이라도 우리가 일상적으로 제작하고 사용하는 거의 모든 것은 조만간 쓰레기 혹은 기념품이 되거나 추억으로 남는다. 더는 의미도 목적도 없는 오르골이 되고 만다.

재산은 상당 부분 자기 노력으로 얻은 것이 아니다. 재산은 상속되며, 재산의 많고 적음은 사회가 미리 지불한 비용과 비례한다. 사유재산이 많을수록 사회적 선불금도 점점 커진다. 집을 한 채 짓는 사람은 도로를 한 번 이용한다면, 집을 열 채 짓는 사람은 도로를 열 번 이용한다.

재산은 어떻게 형성될까? 두 가지 방법, 즉 밑에서부터 차곡차곡 쌓는 방법과 위에서부터 한꺼번에 차지하는 방법이 있다. 전자는 자기 노동의 결실, 후자는 상속이다. 재산은 소유주가 죽는 순간까지, 혹은 그가 자신의 권리를 포기하고 사회에 내놓는 순간까지 끊임없이 지켜진다. 사유재산은 평화롭지 않다. 아니, 재산을 지키거나 지키게 하는 동안에는 평화롭지 않다. 소중한 재산을 누구에게서 지켜내야 할까? 바로 게으름뱅이, 도둑, 부랑아, 범죄자, 경쟁자, 남편, 자녀들, 비, 태양 등으로부터다.

시간의 톱니바퀴는 집과 재산을 포함해 모든 것을 갉아먹는다. 재산을 방치하는 사람은 손실을 입는다. 재산은 돌봄과 보호가 필요하고, 완전히 사라지지 않게 하려면 쉴 새 없이 키우고 불려야 한다. 재산에는 조건이 필요하고, 이러한 조건은 만들어져야 한다. 이 조건을 규제정책이라 한다.

우리가 처한 경제 질서는 개인적 생산과 재산에 대한 전체 사회의 영향력을 박탈하는 데서부터 시작한다. 공공 부문의 민영화는 수십 년 동안 최후의 수단이었다. 공공으로 운영되는 조직은 생산적 경제 활동에 무능한 것으로 여겨졌다. 1989년까지의 소련 공산주의가 그 증거였다. 1989년 이후 그 시스템이 막을 내린 뒤 사유재산은 우선권을 획득했고, 속도 제한은 해제되었다.

그런데 여기에 아주 중요한 한 가지 예외가 있다. 우리 사회에서 날마다 배출하는 쓰레기, 음식물 찌꺼기, 오물, 똥오줌이다. 우리의 시장경제는 흥미롭게도 사유재산의 개념은 알지만, 사유쓰레기의 개념은 모른다.

나는 살아가면서 엄청난 양의 쓰레기를 생산했으나

그것이 어떻게 되었는지는 모른다. 아마 대부분은 소각되었을 것이다. 얼마 전에야 나는 한 친구와 함께 쓰레기 집하장에 가게 되었다. 가늠이 안 될 만큼 거대한 집하장이었다. 그중 비교적 좁은 곳에 대형 굴착기 네 대가 서 있었다. 큼직한 구덩이도 하나 보였다. 사람들이 굴착기를 타고 경사로까지 가서 쓰레기를 구덩이에 집어 던지면, 곧이어 구덩이 바닥에서 큰 삽이 쓸어 모아 다른 쓰레기들과 함께 컨베이어벨트에 올렸다. 내가 살면서 소비한 상품 대부분이 이런 식으로 처리되었을 것이다.

그런데 내가 양산한 쓰레기 가운데 상당수는 이런 그림조차 그릴 수 없다. 그것들은 기체 형태로 변했고, 폐열로 버려지거나 산화되었다. 산업사회를 살아가는 인간에게는 물건 못지않게 에너지도 필요하다. 나 혼자 50년 동안 쓴 에너지도 줄$_{joule}$*이라는 숫자로 표시할 수 있을 것이다. 비록 내가 그 정확한 수치를 댈 수는 없지만.

그렇다고 이 모든 걸 비난한다는 뜻은 아니다. 남들도 나와 똑같다는 점을 은근슬쩍 지적할 만큼 나는 영악하다. 우리는 모두 쓰레기를 남기고, 이 사회에는 많은 쓰레기가 남는다. 그것도 아주 오랫동안.

---

* 에너지, 일, 열량의 측정 단위.

자신이 만든 쓰레기는 자신이 치우는 것이 매너다. 독일인의 철저한 쓰레기 분리수거를 비웃는 소리를 자주 듣는데, 쓰레기 분리는 분명 문명의 진보다. 쓰레기는 상대적이다. 그것은 다시 원료로 사용될 수 있고, 이러한 원료를 소중히 여기는 사회는 현명한 사회다. 내 아버지의 상자도 원료다. 그리 값나가는 원료는 아니지만 거의 모든 부품을 재활용할 수 있다. 물론 모든 것을 재사용하거나 소각하거나 새로운 목적으로 사용할 수는 없다.

사유재산은 그 반대의 경우를 생각하면 쉽게 이해된다. 법학은 그에 대해 거의 시적인 용어를 찾았다. '주인 없는 물건'. 누구의 소유였던 적이 없거나 소유주가 자신의 권리를 포기함으로써 누구의 것도 아닌 게 되는 물건을 뜻한다.

그런 점에서 야생 동물은 주인 없는 물건이다. 퍽 아름다운 생각이다. 그런데 그 주인 없음의 상태도 동물이 총에 맞아 죽거나 차에 치여 죽으면 달라진다. 죽음 이후엔 소유주가 없는 아름다운 상태는 끝난다. 인간도 한때는 야생 동물처럼 주인이 없었을 것이고, 루소의 말처럼 정말 자유롭게 태어나 인간과 야생 동물 모두가 평등한 세계에 살았을 것이다.

지금 우리가 사는 사회와는 다른 사회의 토대를 이룰

계통도에서는, 야생 동물도 상속법에 포함될 것이 분명하다. 하지만 현재 우리 사회는 그렇지 않다. 우리는 다른 동물의 상속권을 박탈함으로써 점점 외로운 종이 되어가고 있다. 어쩌면 이 외로움에서 살아남지 못할지도 모른다.

국가는 주인 없는 것들을 싫어한다. 그런 것들은 아무리 둘러봐도 쓸 데가 없으며, 일반적으로 누구도 가지려 하지 않는 것들이다. 예를 들면 폐허, 황무지, 쓰레기가 그렇다. 쓰레기에는 양면성이 있다. 조금 전까지는 누군가의 소유였던 것이 거리에 내버려진다. 사람들은 쓰레기를 쉽게 버린다. 그냥 거리에 툭 던지거나 쓰레기통에 버린다. 그러면 그것은 소유주에게서 사라지고, 소유주는 다시는 그것을 생각하지 않는다.

쓰레기를 통해 산업 대중사회의 역사를 풀어낼 수 있을지도 모른다. 아니, 조금만 수고하면 얼마든지 가능하다. 쓰레기에는 정보가 담겨 있고, 쓰레기 더미, 심지어 변소도 한 사회에서의 삶에 관해 많은 것을 알려주기 때문이다. 러시아 독재자는 자신의 배설물을 철저하게 관리하고, 여행할 때면 경호원들이 그의 배설물을 포장해 간다는 소문이 있다. 그게 사실이 아니라 그저 선전일 뿐이더라도 일리가 있다. 배설물에는 그 사람의 삶과 역사가 담겨 있기 때문이다.

우리가 할 마음이 있고 그럴 기술만 있다면 배설물을 통해 얼마든지 한 인간을 들여다볼 수 있다. 그러나 그런 일은 무척 드물다. 우리는 쓰레기와 가래, 배설물을 치우는 사람에게 주목한 적이 거의 없다. 다만 다윈 시대에 한 예외가 있는데, 빅토리아 시대의 위장 저널리스트였던 제임스 그린우드가 그 주인공이다. 그는 1874년 『런던의 야생』에서 쓰레기를 치우고 분류하는 '더스트맨dustman'에 관해 언급한다. 그의 기록은 상속과 가족, 신분, 쓰레기가 서로 어떻게 연결되고, 우리가 왜 그런 이야기를 꺼내지 않는지 설명한다. 그의 말을 직접 들어보자.

독자 여러분은 청소부(더스트맨)가 일하는 것을 본 적이 있는가? 그렇다면 세상에서 가장 역겹고 비참하다고 할 수는 없지만, 몹시 역겹고 비참한 여성 노동의 현장을 목격한 것이다. 다들 알다시피 먼지를 담는 용도로 지정된 통에는 먼지만 들어가는 것이 아니다. 동식물을 비롯해 온갖 잔해와 쓰레기가 그 속에 버려지고 쌓이다가, 차츰 부패해갈 때쯤 청소부를 부른다. 그러면 청소부가 와서 쓰레기통의 내용물을 수레에 싣고 곧장 쓰레기장으로 운반한다. 여기선 분류조와 삽질조가 일한다. 체로 오물을 거르는 분류조는 하나같이 여자와 여자아이다. 삽질조는 오물을 삽으로 퍼서 체에다 던지는데, 대부분 열 살에서 열다섯 살 사이의 사내아이다. 분류조는 짧은 속치마를 입고, 목과 가슴에 두꺼운 숄을 두르고, 머리엔 큼직한 보닛을 쓰고 있다. 그림 같은 모습이다. 이 보닛은 젊고 허영기 있는 여자들이 체질을 하면서 리본이나 조화造花 같은 반가운 물건을 발견하면 담는 용도로 쓰이는 게 분명하다. 체를 든 여자들은 허리에 가죽 앞치마를 두르고 있는데, 앞치마의 질감은 남편들의 '부채 꼬리'와 거의 똑같다.

체를 든 여자는 거의 무릎까지 잿더미 속에 파묻혀 있다. 체는 제법 크다. 직경 90센티미터, 무게 4.5킬로그램 정도 된다. 체를 든 여자가 "먹여줘!" 하고 외치면 삽질조는 즉시 악취 나는 쓰레기를 큼직한 삽으로 퍼서 체에다 올린다. 그러면 여자는 놀라운 힘으로 체를 앞치마로 받치며 그물코의 크기에 맞지 않는 물건들을 분류한다. 이때 그녀의 코와 입은 체 위의 그 끔찍한 오물들에서 불과 팔 절반 길이쯤밖에 떨어져 있지 않다. 그녀 주위에는 광주리 여러 개가 놓여 있다. 뼈, 누더기, 빵 조각, 헌 신발, 광재鑛滓, 석탄 덩어리, 금속 조각 같은 것을 따로 분류해서 담는 용도다.

그러고 나서 남은 것은 '씨앗'이라고 불리는 더미에 던져지는데, 새로운 도로 건설에 사용된다. 넝마와 뼈는 비료와 제지용으로 팔리고, 석탄과 광재는 벽돌을 만드는 데 사용되며, 헌 신발은 얇은 강철을 염색하는 데 필요한 뜨거운 화로의 땔감으로 쓰인다.

빵 조각은 다른 어떤 것보다 값이 나간다. 돼지 사육 농가가 사료로 쓰기 위해 45킬로그램에 18펜스씩 주고 사들이기 때문이다.

쓰레기장에서 일하는 사람들에게는 실제 화폐가 아닌 '금속' 종류만 합법적인 '특전'으로 주어진다. 내가 듣기로는, 큰 규모의 분류조를 운영하는 도드 쓰레기장이나 스트라우드 쓰레기장 같은 경우 체질 과정에서 발견하는 돈이 분기당 상당한데, 그 돈은 일단 보관해두었다가 특정 시기에 균등하게 분배된다.

할아버지와 할머니, 아들과 딸, 손자와 손녀를 포함해 온 가족이 한 회사에 다니는 일은 드물지 않다.

이 글은 쓰레기장의 풍경을 무덤덤하고 사실적으로 표현한 민속학적 보도처럼 들린다. 그러나 제임스 그린우드의 탐사 보도는 여파가 없지 않았다. 19세기 시민 문학의 인기 주제인 지독한 빈곤에 관한 묘사가 런던 쓰레기 청소부들의 처지를 서서히 개선시켰다. 사회적 불의에 대한 목소리가 일었고, 사람들은 스스로 조직했다. 사실 그사이 시청 직원들은 서구 사회에서 많은 혜택을 누리며 살고 있었다. 그걸 누가 환영하지 않겠는가? 다만 사회 전체의 운명이 밑바닥 사람들의 운명과 함께 개선되어왔다는 사실 또한 누가 부정하겠는가? 천대받는 사람들에게 관심을 기울이는 것은 충분히 가치 있는 일이다. 그건 그들만이 아니라 사회 전체를 위한 일이니까.

이후 런던 쓰레기장의 그 끔찍한 분류 작업은 사라졌지만, 쓰레기의 규모는 작아지지 않고 오히려 점점 더 커져갔다.

쓰레기 분류 장면을 끔찍하게 묘사했던 제임스 그린우드도, 그다음 세기 초부터 석유라는 엄청난 쓰레기가 신과 같은 자리를 차지하게 될 줄은 까맣게 몰랐다. 당시 이제 막 동식물 연료 대신 석유를 사용하기 시작했다. 루마니아와 우크라이나에서는 최초의 유전이 상업적으로 개발되었고, 대서양 저편에서는 제임스 D. 록펠러가 펜실베이니아에 시추탑을 세운 뒤 얼마 안 가 스탠다드 석유 회사로 세계를 정복했다. 이로써 덫이 놓였고, 이후 석유화학의 원료인 나프타가 지구를 지배했다.

석유는 쓰레기다. 게다가 상속인 없는 상속이자, 우

리 문명을 질식의 위험에 빠뜨리고 마침내 새로운 법을 필요로 할 주인 없는 재화다. 새 법이 필요한 이유는 분명하다. 사유재산과 상속, 가족에 관한 기존의 법률이 우리가 사는 현실을 담아내지 못하기 때문이다. 우리 문명을 막다른 골목으로 이끈 것은 그 법들이다.

자신이 배출한 쓰레기를 걱정하는 사람은 아무도 없다. 대신 다들 자기 재산을 지키는 일에는 열심이다. 자동차를 타고 다니려면 차고가, 주택을 구입하려면 담보대출이, 유동 자산을 지키려면 은행 계좌와 돈지갑이 필요하다. 하지만 쓰레기에는 필요한 것이 없다. 거리에 놔두거나 쓰레기통에 넣으면 누군가가 와서 가져간다. 그로써 우리는 대기 속으로 유해 가스를 배출한다. 그렇다면 쓰레기는 우리 모두의 것이다. 그것은 메탄과 이산화탄소, 또는 수소불화탄소라 불린다. 우리는 젊은 나이에 죽은 매력적인 사디 카르노 같은 열역학의 개척자들에게, 혹은 엔트로피를 새롭게 정의한, 비운의 과학자 루트비히 볼츠만에게 돌아가 그 기체에서 유해 물질을 제거하는 방법이 있는지, 그것을 쓰레기나 오물, 우리 문명의 찌꺼기, 우리의 유산, 주인 없는 재화로 한눈에 알아보게 해줄 이름이 있는지 물어야 할지도 모른다. 우리는 우리가 물려줄 이 유산을 잘 관리해야 한다. 그러려면 언어와 이야기, 세계, 인정과 동의, 법, 정치가 필요하다. 그러나 우리가 이념과 관념, 필연성 면에서 물려받은 다른 유산은 버릴 수 있어야 한다. 거부할 수 없는 '정신적 유산'은 없다. 의지만 있다면 우리는 그 관련성을 직접 선택할 수 있고, 그렇게 해야 한다. 생물학적 기원과 달리 모든 문화적 기원은 우리 스스로 선택하는 것이 가능하다.

상속자들을 생각하며

나는 아버지의 상자에서 격자무늬 종이에다 볼펜으로 반쪽가량 쓴 이력서를 발견했다. 아버지는 거기에 수감 기간을 적지 않았다. 대신 웨이터와 요리사 양성 과정을 마쳤다는 내용만 언급했다. 하지만 이 사실을 입증할 만한 증거는 어디에도 없었다. 아버지는 삶이 거의 끝날 때까지 요식업계에서 일했지만, 열악한 식당에서 형편없는 급여를 받으며 일한 것으로 보아 정식 교육을 받았다거나 자격증이 있었던 것 같지는 않다. 아버지는 진실을 보통 사람들이 생각하는 것과는 다르게 이해했다. 그에게 진실은 어떤 이야기가 남에게 얼마나 잘 먹히느냐에 달려 있었다. 그는 유쾌한 사람으로 알려져 있었다. 또한 현실을 순간적으로 없앤 뒤 다른 새로운 현실을 만들어 내는 탁월한 이야기꾼이었다. 그건 당연히 아버지가 만든 자기만의 현실이었다. 그 이야기 속에서 그는 성실하고 사랑스러운 사람이었는데 예상치 못한 삶의 변덕으로 갑자기 암울한 상황에 빠져서 약간의 도움이 필요하게 되었고, 누군가가 자신을 도와주면 얼마 뒤 바로 빚을 갚을 수 있었다. 아버지의 이 재능은 속아넘어간 사람들의 놀라움에서 다시금 발견된다. 어떻게 그런 사람을 믿을 수 있었을까? 어떻게 그런 사람의 말에 깜박 속아넘어갈 수 있었냐는 말이다.

이걸 두고 조롱할 수도 있다. 더 흥미로운 것은 '베르너 오버란트'라는 이 작은 지역에서 아버지가 어떻게 그리 오래 살아남을 수 있었느냐 하는 것이다. 어쨌든 그는 여기서 쉰여섯 살을 맞았다. 풍요에 길들여진 나라 스위스의 사회적 강경함은 과소평가할 수 없는 것인데 말이다. 이 나라의 어느 위대한 시인이 예전에 말했듯이 여기 사람들은 서로 물어뜯지는 않지만 죽을 때까지 서로 씹어 먹는다. 획일성에 대한 강요, 모든 노동력을 제공하라는 강요가 절대 수그러지지 않는 곳. 휴가는 거의 주어지지 않고, 빚은 변제되거나 연기되거나 분할 납부할 수는 있지만 결코 면제되지는 않는 곳. 거기다 쉽게 편협한 위선으로 변질되곤 하는, 깊은 경건성이 널리 퍼져 있는 곳. 이 영역을 지배하는 것은 자유 교회*다. 그중에는 급진적인 오순절 교단이 있고, 한 가부장이 의장을 맡은 씨족과 비슷한 수상쩍은 협회도 있다. 늘 알프스 오두막에서 흘러나올 법한 지루한 음악을 틀어놓고, 만년설과 알프스 장미 같은 영원한 키치로 장식하는 그런 협회 말이다.

이 나라에 살며 채권자들에게서 벗어나려면 특별한 재능이 필요하다. 거기다 믿을 만한 근사한 이야기까지 만들어야 한다.

결국 아버지는 성공하지 못했고, 병으로 쓰러졌다. 어느 익숙한 오후, 어느 익숙한 도시의 어느 익숙한 거리에서. 그는 규모로는 전 세계에서 조금도 뒤지지 않는 한 대학병원으로 옮겨졌다. 거기가 끝이었다. 심근경색이 아버지의 심장에 낸 구멍은 그의 주머니에서 늘 부족하던 동전 크기만 했다.

나는 서류를 상자에 다시 넣고, 지옥의 숫자들을 잊어버리자마자 이 유산에 감사한 마음이 들어 아버지가 내게 남긴 이 부富를 위해 건배했다. 내가 나눌수록 커지

---

* 국교회 등 기성 교회에 속하지 않고 독립적으로 운영되는 개신교의 여러 교파. 장로교, 감리교, 침례교 등을 가리킨다.

는 부. 마치 빨간 숫자가 끊임없이 검은 글자가 되는 것 같았다. 일반적으로 빚으로 말미암은 고통은 어쨌든 서유럽에서는 문학의 본질적인 부분을 차지하니까. 독일어로 죄Schuld는 부채Schulden와 가깝다. 그런 까닭에 소설은 파산과 지불되지 않은 청구서를 다룰 때가 많다. 포르투갈의 시인 페르난두 페소아는 『불안의 서』에서 이렇게 말한다. "꿈을 꾸고 생각하는 우리는 모두 어느 도시 변두리의 직물 가게나 다른 상점의 회계원이자 보조 회계원이다. 우리는 금전출납부를 쓰고, 손실을 입는다. 그러고는 총계를 내고 결산표를 확인한다. 보이지 않는 잔액은 항상 마이너스다."

이러한 시민적 강박관념인 복식부기는 여러 성장소설의 기저를 이룬다. 한 시민에게 개인 파산은 항상 무無로의 추락을 의미한다. 그가 얼마나 믿을 만한지는 신용도에 달려 있고, 그의 능력과 지위, 존재는 신용도에 따라 측정된다. 시민에게 재산은 단순한 소유물 이상으로 그의 정체성과 친구, 몸, 정신, 존재를 규정한다. 탈출구는 있다. 범죄와 금욕이다. 둘 다 무거운 대가와 연결되어 있는데, 외로움과 단명이 그것이다.

아버지는 어느 쪽도 일관되게 성공하지 못했다. 그는 마치 금욕과 범죄를 동시에 추구한 것처럼 보이는데, 그건 첫눈에 보기에도 별로 좋은 아이디어가 아니었다. 범죄자는 자신의 행위로 어쨌든 단기적 이익을 취해야 하고, 처벌을 피해 도주하는 과정에서는 금욕적으로 살 필요가 없다. 아버지는 정상적인 시민이나 소시민이 되려고 했으나 성공하지 못하고, 그런 시도를 할 때마다 번번이 일이 꼬여 좌절하고 마는 그런 부류의 사람이었다. 너무 약하거나 너무 아프거나 너무 외롭거나 교육을 받은 게 너무 없다는 이유로 말이다. 우리 사회는 그런 사람에게 연민과 관용을 별로 보이지 않는다.

그런 가운데 아버지는 깨달은 것이 하나 있었다. 누구나 자신의 이야기를 날조할 수 있다는 것이다. 이런 깨달음은 사회적으로 반갑지 않지만, 더 나쁜 것은 아버지에겐 선택의 여지가 없었다는 것이다. 자신이 현재에서 무엇을 만드느냐에 따라 과거는 바뀐다. 아이러니하게도 역시 과거와 문제가 있었던 호르헤 루이스 보르헤스가 자신의 에세이 「카프카와 그의 선구자들」에서 이를 설득력 있게 증명했다.

프란츠 카프카가 불사조처럼 아주 독특한 작가라고 생각했던 보르헤스는, 어느 날 이 프라하 작가의 작품에 영향을 준 다른 작가들을 찾아보기로 마음먹는다. 그런데 이 작업에 착수하자마자 다양한 시대의 문학 작품에서 카프카와 관련된 것들을 찾게 된다. 처음에는 그리스 고전에 해당하는 제논의 문헌에서, 그다음엔 9세기 중국 한유韓愈의 우화에서, 그다음엔 키르케고르와 영국 시인 로버트 브라우닝의 작품, 특히 그의 시 「두려움과 양심의 가책」에서, 마지막에는 레옹 블루아와 로드 던세이니의 작품에서.

보르헤스가 발견한 것을 이해하려고 굳이 이 이름들을 기억할 필요는 없다. 이 모든 텍스트는 카프카와 유사한 면이 있지만, 어떤 점에서도 카프카와 똑같지 않다. 우리는 각각의 텍스트에서 카프카의 고유한 특성을 발견할 수 있지만, 만일 카프카라는 사람이 존재하지 않았다면 그것을 알아볼 수 없었을 것이다. 그렇다면 결론은 분명하다. 모든 작가는 자신의 선구자를 스스로 만든다.

하나의 작품을 만드는 사람은 그로써 하나의 전통을 만든다. 내려오는 전통이 아니라 새로 구축되는 전통 말이다. 과학, 종교, 법, 문학 속 모든 내러티브가 그렇다.

서구인은 흔적을 발견하고 해석하길 좋아한다. 게다가 자신의 발견품에 의미를 부여하려는 시도 속에서 항상 자기 자신과 동시대, 시대정신을 생각한다. 그와 관련해 수메르 왕들의 목록이 보여준 상속에 대한 집착은 그 목록을 훔쳐간 사람들의 삶에도 고스란히 반영되어 있다. 수메르 왕들의 점토판을 땅에서 파내 영국으로 신고 간(이 귀한 유물은 오늘날 옥스퍼드의 애시몰린 박물관에 보관되어 있다) 웰드 블런델의 삶을 보자. 그는 상속과 관련해 아주 곤혹스러운 상황에 빠졌다. 그가 사촌에게서 물려받은 성 안에는 귀한 중세 필사본이 두 점 있었는데, 이것들을 경매에 넘기려 하니 합법적인 소유주인 공동상속인의 미망인이 소유권을 주장하고 나선 것이다. 그 바람에 웰드 블런델은 권리를 잃고 말았다. 영국 사회는 이처럼 특수한 방식으로 기원에 관한 문제에 집착했고, 지금도 그러하다.

웰드 블런델은 그 필사본만 아니면 수메르 왕들의 점토판이라도 차지할 수 있었다. 그에게 그 목록을 옥스퍼드에 기증하라고 강요한 사람은 아무도 없었기 때문이다. 그러나 그의 강박 신경증과 그가 사는 사회의 조건이 그에게 그런 선택을 하게 만들었다. 그의 발견은 형식을 따라야 했고, 여기서 그 형식은 대영제국이었다.

오늘날 서유럽의 많은 지역에서는 부모와 성인 자녀 사이의 연결 고리가 느슨해졌다. 원인은 경제와 자본의 이동이다. 요즘 주위에서 자신의 의지와 성향에 반해 가업이나 농장을 이어가도록 강요받은 사람을 본 적이 있는가? 그런 강요는 거의 사라졌다. 대신 다른 강요가 그 자리를 꿰찼다. 경제는 해방과 강제를 동시에 선사했다. 자유로운 결정에 대한 의지와 힘은 자녀의 의식 속에서 점점 커져 나갔다. 그와 동시에 자녀는 여전히 혈통과 기원에 묶여 있고, 상속을 통해 분리된다. 이건 모순이 아니라 연관성이다. 우리 사회에서 이 경계는 토지와 대지 소유권을 따라 그어진다. 집을 가진 사람은 높은 땅값 때문에 빚이 많거나 재산이 많다. 땅의 소유는 부의 분배와 관련해 여전히 주요한 사회적 특질이다.

가족은 한편으론 결속력을 상실했고, 다른 한편으론 깊은 고랑으로 계속 분리되고 있다. 이 또한 모순이 아니라 연관성이다. 이 연관성은 어떻게 생길까?

결핍의 경험은 삶을 쓰라리게 한다. 그 결과, 곤궁을 미덕으로 여기고 극복할 수 없는 것을 차라리 사랑하자는 이념이 생겨난다. 경쟁에 대한 믿음은 영원한 결핍에 대한 믿음이다. 이 믿음은 자신의 교회를 찾았고, 이 교회는 자신의 종교재판소를 갖고 있다. 경제학자 슘페터의 말처럼 경쟁은 작동하기 전에 일단 주입된다. 경쟁은 생존 경쟁에서 뒤처질 것이라는 협박으로 작동한다. 경쟁의 헤게모니가 우리 시대를 특징짓는다. 관심, 시장점유율, 이익, 지위, 자산, 이 모든 것이 경쟁에 맡겨지고,

우리 사회는 다른 분배 방법을 거의 발전시키지 못하고 있다.

경쟁력이 없다고 판단되는 사람은 권리가 없다. 그렇다면 노인과 아이는 필요가 없다. 지위와 신분을 결정하는 것은 생산성이다.

아이는 어른을 선택할 수 없고, 그저 어른에게 내맡겨져 있다. 아이는 피보호자이자 미성년자로서 자기 의사와는 상관없이 어른의 결정에 따라야 한다. 할 수만 있다면 많은 아이가 도망칠 것이다. 그들에게는 안전이 없다. 심지어 가족 안에서도. 최악의 범죄는 아동을 상대로 저질러지는데, 가정 내에서 일어날 때가 많다. 그런데도 우리 세계에서는 왜 아이가 아니라 부모에게 책임을 맡기는 것일까? 아이는 왜 자기결정권을 가져선 안 될까? 자신을 돌볼 능력이 없어서? 그렇다면 장애인과 고령의 노인에게도 그런 권리는 박탈되어야 한다. 아이에겐 자기 행복을 결정할 능력이 없다고 하는 논거는 어떤가? 열여덟 살부터는 누구에게나 그러한 능력이 생긴다면 타당한 논거일지 모른다. 하지만 현실은 그렇지 않다. 수많은 어른이 불합리하고 터무니없고 어리석고 위험한 결정을 수없이 내린다. 그런데도 그게 법에 어긋나거나 혹은 자기 자신이나 타인을 위험에 빠뜨리지 않는 한 누구도 그들에게서 자기결정권을 박탈할 생각을 하지 않는다. 아무튼 이를 차치하면, 무해하다고 여겨지는 어른들의 일부 행위에서 보면 그 반대가 사실임은 다음 문장으로 증명된다.

아이는 경쟁할 능력이 없으므로 무기력하다. 경쟁은 타협의 대상이 아니다. 우리가 사는 사회는 경쟁으로 유지된다.

우리 사회는 내부적으로 복지국가의 이념과 실업 급여, 노령 연금을 발전시켜왔다. 이 사회는 정의로운 사회가 아니지만, 복지국가로의 발전은 우리 사회에 거대한 프로젝트를 부여했다. 오늘날 자녀는 더 이상 반드시 연로한 부모를 돌볼 필요가 없다. 물론 개인적으로 원하면 할 수 있지만, 노인들은 사전 대비와 사회적 안전망을 통해 스스로 돌보기를 기대한다. 그 와중에도 많은 자녀가 늙은 부모를 돌보지만, 자녀에게 의존하는 부모의 수는 절대적으로 감소하고 있다.

50년 또는 100년 전 사람들이 맺었던 평생 지속되는 관계나 경제적 관련성은 이제 거의 남아 있지 않다. 요즘 죽을 때까지 함께하자는 약속, 여자와 남자 사이의 결혼, 부양자로서의 남자, 어머니와 내조자로서의 여자 등을 이야기하는 사람은 많지 않다. 서구 자유주의 사회에서는 자기 삶을 사회적 규범에 구속시키지 않고 자신이 원하는 대로 구축해 나가겠다는 생각이 주류를 이룬다. 결혼은 이제 남녀 간의 관계로만 국한되지 않고, 점점 많은 국가에서 동성애 부부가 이성애 부부와 동등한 지위를 가진다. 시민사회는 법적 관계를 동질화해야 한다는 요구를 따르지만, 상속법과 국적, 무엇보다 사유재산은 여기서 제외된다.

사유재산에 대한 비판은, 19세기와 20세기의 이데올로기적 투쟁을 통해 편향까지는 아니더라도 그 영향에서 자유롭지 못한 것은 사실이다. 사유재산에 의심을 품은 이는 정치적으로 이미 노선이 확고한 사람이다. 그는 위험한 미치광이로 간주되었고 그에 따라 반사 작용이 일어났다. 1945년부터 1990년까지 전 세계적으로 정치 갈등이 사유재산 문제와 함께 진행되었고, 결국 사유재산 쪽이 승리를 거두었다. 이후 사유재산을 비판하는 사람은 무모한 인간 아니면 미친 인간, 혹은 그 둘 다로 여겨졌다.

그에 관한 논거는 한결같다. 서구의 자유주의 헌법에 적시된 사유재산 보장을 들먹이면 그만이다. 사유재산은 원천적으로 침해할 수 없는 만인의 권리라는 것이다. 만일 상속분에 세금을 부과하면 사람들은 이미 그 재산을 형성하고 소유하는 과정에서 세금이 부과되었다고 주장한다. 하지만 언제부터 국가가 세금을 세 번 부과하면 안 된다는 규정이 생겼는가?

어쩌면 불평불만이 가득한 이 사유재산의 뼈대를 유지하는 편이 더 나을지 모른다. 인간은 자기 재산을 빼앗아가려는 모든 손을 물어버리기 때문이다.

혹시 다른 방법이 있을까? 사유재산과 다른 범주를 장려하는 것이 한 방법일 수 있다. 그러니까 사유재산에 공공성을 추가하고, 수십 년에 걸쳐 사유재산을 축소한 뒤 또 다른 생산 수단으로 확장하는 것이다.

조합 형태의 구조는 여전히 존재하지만 어려움을 겪고 있다. 한 협동조합은 조합원들 사이에서 동등한 임금과 자기결정권이 가능함을 보여주었다. 내 경우엔 20대 중반에 일했던 중형 서점이 그랬다. 거기서 경쟁과 경합은 부차적인 문제였다. 최우선은 일과 문학에 대한 기쁨, 책에 관한 대화, 도시 공동체의 소속감, 지적 인프라에 대한 참여였다. 협동조합이 압박에 시달렸던 순간이 기억난다. 디지털화 초기였다. 지역 수요를 가로막은 건 비즈니스 영역의 세계화였다. 서점처럼 한갓진 경제 영역에도 세계화 바람이 불었던 것이다. 테크놀로지나 직접적인 경쟁 때문에 위기가 온 것이 아니었다. 경쟁도 우리에게 타격을 가하긴 했으나 고약스럽지는 않았다. 물론 이 분야에서도 경쟁자들이 곧 가격 면에서 규모의 경제와 박리다매를 생각한 건 사실이었지만, 협동조합 이념의 위기를 부른 가장 중요한 원인은 지역을 외면하고 세계로 나아가려는 정신이었다. 이제 모든 사람이 세계에 관심을 가졌고, 세계는 그런 우리의 호기심을 환영했다. 항공권은 싸졌고, 여행은 더 이상 아무 문제가 되지 않았다. 그건 지역으로부터의 해방을 의미했지만, 모순이 없지는 않았다. 우리는 어쩌면 너무 일찍 협동조합을 포기했는지 모른다.

물론 협동조합은 아직 남아 있다. 내가 사는 스위스에서는 일부 대기업이 협동조합 형태로 조직되어 있다. 소매업과 보험업에도 몇몇 협동조합이 살아남았다. 스위스에서 가장 큰 소매 체인점은 협동조합인데, 조합원들의 공동 소유로서 누구나 조합원이 될 수 있다. 등록에는 5분도 채 걸리지 않는다. 그러다 보니 흥미로운 일들이 일어난다. 몇 달 전 조합원들이 담배와 술을 판매 물품에 포함할지 말지를 두고 투표를 했다. 이 조합의 설립자는 애초에 술과 담배를 배제했는데, 이는 건강 측면에서 많은 사람의 지지를 받는 훌륭한 전통이자 공동체를 이끄는 문화였다. 그로써 협동조합은 신뢰를 얻었으나 당연히 매출 면에서는 손해를 보았다. 게다가 이 협동조합은 술과 담배에서 높은 매출을 기록하는 몇몇 기업의 소유주이기도 했다. 그럼에도 모든 지역 협동조합은 이 제안을 큰 표차로 거부했다.

이는 파격적인 일이다. 우리는 이 사례를 모델로 삼을 수 있다. 그것도 다윈이 보여준 것과 똑같이 말이다. 술과 담배를 좋아하든 안 좋아하든 이 예는 경제적 과정에 대안이 있음을 알려준다. 우리 사회를 위해 매년 얼마나 많은 돼지를 도축해야 하는지 투표로 결정하지 못할 이유가 있을까?

우리는 이런 형태의 사업을 새로 개발할 필요가 없다. 이미 협동조합이 존재하고, 그것을 그저 발전시키기만 하면 된다. 우리에겐 생산 관계에서 더 많은 민주주의와 더 많은 결단력이 필요하다. 이 민주주의가 세계화된 사회에 효과적이라면 하나의 국가에 제한하지 말고 전 세계로 확장해야 한다.

상속받은 사유재산을 공동의 재산으로 전환하는 데는 오랜 시간이 걸린다. 100년에 걸쳐 계획해야 할 장기 프로젝트다. 우리는 개인 소유자의 손실과 공공의 이익을 서너 세대에 걸쳐 미래로 분산시켜야 한다.

오래되었으면서도 동시에 현대적이기에 매력적인 공

공재 형태 중 하나가 공유지다. 이것은 누구나 사용할 수 있지만, 관리는 집단이 맡는다. 알프스의 고산 목초지가 대표적인 공유지다. 그런데 이런 형태의 아이디어는 다른 거대한 조직에도 적용할 수 있다. 예를 들어 자본금이 1조 유로에 달하는 투자 펀드인 '더 펀드'가 그렇다.

노르웨이는 1960년대에 북해에서 석유를 발견했을 때 거기서 얻은 부를 공공재로 관리하기로 결정했다. 법령에 따르면 석유로 얻은 수익은 해외에만 투자할 수 있었다. 여기서 최우선으로 고려된 것은 지속 가능성과 사회 정의였다. 이로써 그 자산은 석유 매장량이 고갈되는 60년 후에도 미래 세대가 사용할 수 있게 되었다. 노르웨이 사람들은 주로 어업으로 생계를 꾸려 나간다. 바다는 자연 공유지이다. 그런 자산을 개인이 소유하는 것은 터무니없는 짓이다.

그건 대기도 마찬가지다. 구름과 비, 바람은 누구의 것인가? 날씨는 매일 다를 수 있지만 기후는 우리 모두에게 하나뿐이다. 그럼에도 공기는 수동적 자원이자, 사실상 사유재산이자, 산업사회의 온갖 쓰레기를 태워서 배출하는 쓰레기장으로 사용되고 있다.

비슷한 예는 충분하다. 우리는 새롭고 더 나은 것들을 개발해야 한다. 왜 그래야 할까? 소비에 제동을 걸기 위해서다. 정의를 위해서다. 어떻게 해야 더 공정한 세상에서 일하고 살 수 있느냐는 질문에 답하기 위해서다. 우리 사회는 전례 없는 규모로 부를 창출하고, 전례 없는 규모로 쓰레기를 만들어낸다. 둘 다 좀 더 공정하게 분배해야 한다. 모두의 이익을 위해서 말이다. 왜냐하면 불공정은 결국 모두의 안전 문제이기 때문이다. 우리는 그걸 깨달아야 한다.

우리 사회는 국내적으로 복지국가를 발전시켜왔지만, 대외적으로는 그 필요성조차 인식하지 못했다. 생산 현장에서 일하는 사람에게는 현지 노동법이 적용된다. 그런 법이 존재한다면 말이다. 우리에게는 일반적인 것들, 그러니까 규정된 근무 시간, 유급 휴가, 65세 퇴직, 주 40시간 근무가 어떤 세상에서는 마땅한 권리가 아니라 특권이다. 필리핀의 방직 공장에서 일하는 사람들은 극도로 비참하게 산다. 일을 하다 불에 타 죽어도 정치적 압력이나 단결된 힘은 생기지 않는다. 1932년 미국 작가 조라 닐 허스턴은 엄청난 문장을 썼다. "노예 제도는 내가 문명을 위해 지불한 대가이고, 그건 내가 선택할 수 있는 것이 아니었다." 여전히 너무 많은 사람이 그 대가를 치르고 있다. 그것도 선택의 여지 없이.

누구도 선택하지 못한다. 우리는 우리 의지와 상관없이, 묻지도 않고 이 세상에 왔다. 우리 앞에는 이미 구축된 세계가 놓여 있다. 우리는 집을 발견하고, 댄스홀을 발견하고, 학교를 발견하고, 마찬가지로 선택의 여지 없이 이 세상에 온 다른 사람들의 삶을 발견한다. 아무도 누구에 의해 잉태되었는지, 누가 자신을 낳았는지, 부모가 어떤 사람인지, 어디에 있는 병원인지, 병원이라는 게 있기는 한 건지, 병원에 적절한 의사가 있는지, 필요한 장비가 있는지, 혹은 출생 중에 폭격을 당하는 병원은 아닌지 고르지 못한다. 많은 사람, 아주 많은 사람, 너무 많은 사람에게는 출생과 함께 악몽이 시작되고, 어떤 사람에게는 견딜 만한 삶이, 어떤 사람에게는 번영과 부가 시작된다.

이처럼 우리는 청하지도 않았는데 이 모든 것을 처음부터 물려받는다. 그렇다면 우리 역시 묻지도 않고 받은 것들을 돌려주어야 한다. 입에 물고 태어난 수저까지. 그런데 우리는 역사상 처음으로 후손들에게 폐허와 쓰레기만 물려주는 게 아니라 현재에서 미래로 손을 뻗어 그들의 생존 터전까지 빼앗아가는 듯하다. 우리가 그들에게 남기는 건 생존할 수 없는 환경과 침묵이다. 세계의 침묵이자, 동물과 곤충의 침묵이자, 우리가 생물 다양성이라는 말로 미화하기 좋아하는 모든 것들의 침묵이다. 우리는 마치 과거에서부터 지금까지의 인간 전체가 이 불행을 야기한 것처럼 '인류세' 같은 근사한 용어로 현실을 은폐하길 좋아한다. 하지만 이 상황에 책임이 있는 건 불과 대여섯 세대뿐이다. 인간이 처음으로 상업적으로 유정油井을 개발한 이후에 살았던 사람들 말이다.

정치적으로 우리는 아직 이 사실에서 유발된 질문에 대해 답을 갖고 있지 않다. 다만 한 가지는 확실하다. 기후 정책에 열과 성을 다하는 사회라면 반드시 사유재산의 개념과 상속법에 대해서도 깊이 고민해야 한다는 것이다.

결국 나는 두 번째로 아버지의 유골을 찾아야 했다. 그가 묻힌 M.에 우리가 간 것은 우연에 가까웠다. 어느 분지의 계곡 끝에 있는, 마을 위 빙하 지대였다. 일전에 나는 딸아이에게 25년 전, 그러니까 딸이 태어나기 한참 전인 몹시 추운 1월의 어느 날 아침 아버지의 유골 단지를 모셔두었던 곳을 보여주기로 약속했다. 그런데 교회 뒤편 공동묘지에 가보니 이제 아무것도 없었다. 석판도 이름도 없었다. 마치 아버지가 처음부터 이 세상에 존재하지 않았다는 듯. 아버지와 연결될 때마다 느끼는 것이지만 나는 내가 환상가나 고등 사기꾼이 된 것 같은 기분이었다.

망자의 안식은 여기서 25년 동안 이어졌다. 나는 흙무덤에서 그것을 실감할 수 있을 거라 생각했다. 하나의 무덤은 일정 정도의 땅을 차지하고 있다. 이 지역에서 1년에 100명이 죽는다면 4년 후 망자들의 땅은 축구장 하나 정도의 면적에 이를 것이다. 이건 그렇지 않아도 경작지가 부족한 지역에서는 당연히 무책임한 짓이다. 유골 단지는 별로 중요하지 않다. 그건 망자의 농축된 부스러기일 뿐이니까. 공동묘지는 이미 오래전에 꽉 찼고, 내 아버지는 들어내도 되었다.

나는 이상한 방식으로 상처받았고, 이상한 방식으로 사실을 다시 확인한 느낌이 들었다. 마음이 상한 건 해당 관청이 내게 이 사실을 알려주지 않아서였고, 살아 있을 때 이 지역에서 쫓겨났던 아버지가 죽어서도 쫓겨난 사실을 확인해서였다. 당국은 아버지의 재와 아버지라는 사람을 부당하게 취급했고, 아버지에게는 어떤 안식도 허용하지 않는 것처럼 보였다. 집으로 돌아왔을 때 나는 내가 무언가 착각을 한 것이며 그들이 아버지를 그냥 다른 데로 옮긴 것이기를 간절히 바랐다.

나는 지금까지도 묘지 관리국에 전화를 걸어 아버

지 유골의 행방을 물어볼 엄두가 나지 않는다. 앞서 말했듯 이미 이 문제로 전화를 건 경험이 있는데도 말이다. 아니, 오히려 그런 경험이 있어서 더더욱 전화를 못 거는 걸지도 모른다. 사실 아들로서 아버지의 유골을 찾는 건 이상한 일이고, 무엇보다 수화기 너머로 들려올 대답이 두려웠다. 나는 그들이 인간의 유해로 무엇을 하는지 모른다. 그에 대한 적절한 절차가 있는지도 모른다. 유골 단지는 유약을 바르지 않은 진흙으로 된 항아리였는데, 돌무더기에 깨져 있으면 눈에 잘 띄지 않는다. 물론 모든 사람이 유골 단지를 이런 재료로 만드는 건 아니다. 당연히 황동이나 다른 금속을 선택하는 사람도 많으며, 그런 경우 유족은 예전의 단지가 어떻게 되는지 알고 싶어 한다. 앞서 말했듯 나는 25년 전의 경험 이후 해당 관청에 전화하는 것을 꺼린다. 어떤 반응을 보일지 이미 알고 있기 때문이다. 이 지역에서 내 아버지에 대한 기억은 그렇게 오랜 시간이 지났음에도 좋은 감정만 불러일으키지는 않는다. 내가 연락하거나 면전에 나타나는 것이 해당 관청 사람들에게 달가운 일일지도 의심스럽다.

아버지는 더 이상 부덤에도 유골함에도 없지만, 이제 이 이야기 속에서 한 자리를 찾았다. 물론 이건 아버지의 이야기가 아니다. 내 아버지라고 하는 사람은 무척 달랐고, 나는 이 상자 속에서 그의 실제 존재와 그가 어떻게 사랑하고 어떤 고통을 겪었는지 아무것도 찾지 못했다.

    나의 기원은 불확실하다. 내겐 그게 어쩌면 더 행복한 일인지 모른다. 나의 부모가 죽어서 누운 곳이 고향이니까. 어머니는 생애 마지막 20년을 보낸 카리브해의 어느 섬에서 돌아가셨다. 경제적 역이민 사례다. 어머니는 나이 들어 더는 스위스에서 살 형편이 되지 못했다. 그녀의 유골은 란메 카라이브에 뿌려졌다. 그렇다면 나의 기원은 알프스 만년설에서 저 멀리 카리브해까지 이어진다. 그 정도면 충분하다.

참고문헌

이 책은 내가 2021년 가을 취리히 대학교 법학부의 초청으로 한 강연과 나중에 이를 확장해 독일 국립극장에서 열린 '바이마르 연설 2022'의 일환으로 했던 강연에 그 기원이 있다. '후손들의 권리'에 관한 문제, 그리고 우리가 사회적으로 미래 세대의 이익을 어떻게 지키고, 그것을 어떻게 민주적 절차로 끌어들이느냐 하는 문제에 관한 고민은 얼마 안 가 나 자신의 기원과 상속에 관한 문제가 되었다.

유산과 그것의 사회적 조건, 그것의 메타포, 그것의 형이상학은 19세기와 20세기 초 이후 사회학과 민족학이라는 학문의 특징을 이룬다. 관련 문헌은 엄청나게 많지만, 여기서는 내가 자료 조사를 위해 반복적으로 들여다본 책만 일부 소개한다.

Die Mischna: Frauen-Seder Nashim. Hg. u. ü. v. Michael Krupp. Berlin 2010.

Georg Simmel, Schriften zur Philosophie und Soziologie der Geschlechter. Hg. v. Heinz-Jürgen Dahme, Klaus Christian Köhnke. Frankfurt am Main 1985.

Marcel Mauss, Die Gabe. Form und Funktion des Austauschs in archaischen Gesellschaften. Ü. v. Eva Moldenhauer. Frankfurt am Main 1990.

Georg Simmel, Das individuelle Gesetz. Philosophische Exkurse. Hg. v. Michael Landmann. Frankfurt am Main 1987.

Georg Simmel, Schriften zur Soziologie. Eine Auswahl. Hg. v. Heinz Jürgen Dahme, Otthein Rammstedt. Frankfurt am Main 1986.

Peter Laslett, Karla Oosterveen, Richard M. Smith (Hg.), Bastardy and Its Comparative History. London 1980.

Pierre Bourdieu et al., Das Elend der Welt. Gekürzte Studienausgabe. Konstanz 2010.

Philippe Ariès, Geschichte des Todes. Ü. v. Hans-Horst Henschen, Una Pfau. München/Berlin 1980.

Jack Goody, Joan Thirsk, E. P. Thompson (Hg.), Family and Inheritance. Rural Society in Western Europe 1200-1800. Cambridge 1976.

Michael Mitterauer, Reinhard Sieder (Hg.), Historische Familienforschung. Frankfurt am Main 1982.

Karl Markus Michel, Ingrid Karsunke, Tilman Spengler (Hg.), Die Erbengesellschaft. Kursbuch 135. Berlin 1999.

Werner Egli, Kurt Schärer (Hg.), Erbe, Erbschaft, Vererbung. Zürich 2005.

출처

33쪽: "너는 너의 땅과 친척과 아비의 집을 떠나……"
성경 번역의 역사는 그 자체로 한 권의 책이 되기에 충분하다. 그중 한 권만 참고하는 것은 오해를 불러일으킬 수 있지만, 여기서는 나름 충실하다고 생각하는 다음 성서를 참조했다. 『공정한 언어로 번역한 성경』 Ulrike Bail, Frank Crüsemann, Marlene Crüsemann 등(엮은이), Gütersloh 2011.

49쪽: "본래적인 의미의 적법한 상속인은 사망 당시 고인에게 딸린……"
여기서는 무엇보다 유익하고 쉽게 읽히는 텍스트를 선택했다. Ulrike Babusiaux, Wege zur Rechtsgeschichte: Römisches Erbrecht. Köln 2015.

59쪽: 여기서 언급된 후기는 다음 책에 실려 있다. Gaius Iulius Caesar, Der Gallische Krieg. Hg. v. Marieluise Deissmann. Stuttgart 1980.

65쪽: "1959년부터 시작되는 이 세기를 다윈과 함께하는 세기로……"

여기서 인용된 후기는 다음 책에 실려 있다. Charles Darwin, The Origin of Species. Stuttgart 1963.

68쪽: "사람들은 그런 사실을 가끔 지적했다. 물론 작은 목소리로. ……"

알브레히트 코쇼르케가 내러티브 이론에 관한 자신의 저서 337쪽에서 말한 내용이다. Albrecht Koschorke, Wahrheit und Erfindung. Grundzüge einer Allgemeinen Erzähltheorie. Frankfurt am Main 2017.

70쪽: 칼 R. 워즈와 에른스트 마이르가 고세균을 두고 벌인 논쟁은 다음의 두 과학 저널에서 확인할 수 있다.

Carl R. Woese, Default taxonomy: Ernst Mayr's view of the microbial world. In: Proceedings of the National Academy of Sciences of the United States of America, Vol. 95, S. 11043 – 11046. Washington 1998.

Ernst Mayr, Two Empires or three? In: Proceedings of the National Aca95 demy of Sciences of the United States of America, Vol. 95, S. 9720 – 9723. Washington 1998.

에른스트 마이르는 20세기의 가장 중요한 진화 생물학자 중 한 사람으로 분류학 분야에서 큰 업적을 남겼다. 그럼에도 이 논쟁에서는 결국 워즈의 주장이 옳았다.

71쪽: "만일 여성이 아이를 낳지 않고 임신과 양육 과정에서……"

이것은 번역의 오류가 아니다. 프랑스어 인용문 역시 마찬가지로 남성 중심적으로 들린다. "Aucune société, l'humanité elle-même, ne pourrait exister si les femmes ne donnaient naissance à des enfants, sie elles ne bénéficiaient pas d'une protection masculine pendant leurs grossesse et tant qu'elle nourrissent et élèvent leur progéniture.´ elle nourrissent et élèvent leur progéniture."

André Burguière, Christiane Klapisch-Zuber, Martine Segalen u. a. (Hg.), Geschichte der Familie. Altertum. Vorwort von Claude Lévi-Strauss. Ü. v. Günter Seib. Essen 2005.

75쪽: "우리는 일단, 자녀에게 상속해줄 것이 전혀 없었던, ……"

지극히 솔직하게 서술된 이 인용문은 다음 책에 실려 있다. Martine Segalen, Sein Teil haben. Geschwister- beziehungen in einem egalitären Vererbungssystem. In: Hans Medick, David Sabean (Hg.): Emotionen und materielle Interessen. Göttingen 1984.

82쪽: "아무리 재능이 뛰어난 사람도 자신이 받은 일련의……"
나는 이 인용문을 헤이든 화이트의 『메타 역사』에서 처음 접했는데, 저자는 한 장章을 통째로 칼라일에게 바쳤다. Hayden

White, Metahistory. Die historische Ein-bildungskraft im 19. Jahrhundert in Europa. Ü. v. Peter Kohlhaas. Frankfurt am Main 2008.

나는 진실과 허구의 관계를 다음 글에서 좀 더 상세히 연구했다. Lukas Bärfuss, Wahrheit und Wirklichkeit. In: Historische Urteilskraft 2. Berlin 2020.

102쪽: 1849년에 태어난 오이겐 후버는 감탄밖에 나오지 않는 업적을 세운 한 세대에 속한다. 법률가, 언론인, 정치인으로 활동한 그는 스위스 민주주의에 큰 영향을 미쳤지만, 다른 많은 이들처럼 그와 그의 입법 활동은 스위스 역사에서 거의 잊혔다. 그에 관한 문헌은 희박하고, 산발적으로 남아 있는 에피소드 역시 대부분 시대에 뒤떨어진다.

August Welti, Eugen Huber als politischer Journalist. Frauenfeld 1932.

Fritz Wartenweiler (Hg.), Eugen Huber. Der Lehrer, der Gesetzgeber und Mensch. Zürich 1933.

후버의 저술 가운데 특히 읽을 만한 기본적인 책은 다음과 같다.
Betrachtungen über die Vereinheitlichung des schweizerischen Erbrechts, Basel 1895.

104쪽: "재산은 어떻게 형성될까? 두 가지 방법, 즉……"
가족 연구와 관련해 사유재산의 역사에 대한 흥미롭고 간략한 이해는 다음 마르크스주의 역사가의 책을 참조했다.

V. G. Kiernan, Private Property in History. In: Jack Goody, Joan Thirsk, E. P. Thompson (Hg.): Family and Inheritance. Cambridge 1976.

119쪽: 오늘날 누가 아직도 보르헤스를 읽는가? 그는 소설과 에세이를 통해 디지털 시대의 '호모 나란스'(Homo narrans, '이야기하는 사람'이라는 뜻의 라틴어. 인간은 본능적으로 이야기를 하고 싶어 하고, 이야기를 통해 사회를 이해한다는 관점에서 본 인간 이해. 특히 디지털 공간에서는 글과 사진, 동영상 등을 통해 자신의 이야기를 생산하고 공유하고 전파하는 이들을 가리킨다.—옮긴이)에 관해 많은 것을 선취하고 있음에도 그의 작품들은 오늘날 별로 관심을 끌지 못하는 듯하다. Jorge Luis Borges, Inquisitionen. Frankfurt am Main 2007.

130쪽: "노예 제도는 내가 문명을 위해 지불한 대가이고, 그건 내가……"
다음 책에서 인용했다. Zora Neale Hurston: How It Feels to Be Colored Me. In: The Norton Anthology of American Literature. Fourth Edition. Vol. 2. New York City 1979.

옮긴이 박종대

성균관대학교 독어독문학과와 동 대학원을 졸업하고 독일 쾰른에서 문학과 철학을 공부했다. 사람이건 사건이건 겉으로 드러난 것보다 이면에 관심이 많고, 환경을 위해 어디까지 현실적인 욕망을 포기할 수 있는지, 그리고 어떻게 사는 것이 진정 자신을 위하는 길인지 고민하는 제대로 된 이기주의자가 꿈이다. 『특성 없는 남자』, 『인공 지능의 시대, 인생의 의미』, 『앙겔라 메르켈』, 『미친 세상을 이해하는 척하는 방법』, 『콘트라바스』, 『승부』, 『성욕에 관한 세 편의 에세이』, 『농담과 무의식의 관계』, 『어느 독일인의 삶』, 『너 자신을 알라』, 『세상을 알라』, 『바르톨로메는 개가 아니다』 등 100권이 넘는 책을 우리말로 옮겼다.

아버지의 상자
가족, 혈통, 상속에 대한 도발

1판 1쇄 2023년 5월 25일

지은이 루카스 베르푸스
옮긴이 박종대

디자인 studio forb
제작 (주)공간코퍼레이션

펴낸이 임인선
펴낸곳 마라카스
출판등록 2022년 12월 1일 제2022-000053호
전화 070-7760-6467
팩스 02-6442-6467
메일 book.maracas@gmail.com
인스타그램 @book.maracas

ISBN 979-11-981650-1-5 03850

북펀딩에 참여해주신 분들(가나다순)

강경민, 강지혜, 고수연, 고영숙, 구성진, 권새봄, 김민경, 김성희, 김은아, 김재건, 김정용, 김진구, 김진영, 김창순, 김태현, 김혜미, 김희정, 나은정, 다이아몬드, 루아흐, 만두만세미래, 맹새봄, 문성일, 명예이과, 박승두, 박영삼, 박현지, 박혜진, 배은상, 별빛노을, 북부종합가정대리점, 석시현, 셀프리더십코치 김상, 송현숙, 오윤화, 유명주, 유현주, 윤희영, 이동훈, 이선숙, 이성호, 이슬기, 이완재, 이은미, 이재윤, 이정아, 이주학, 이준석, 이지하, 이해온, 이현주, 이혜진, 이호영, 임거환, 임병국, 임은화, 장수진, 정원우, 정주환, 정진아, 정헌미, 조문진, 조성분, 조영수, 지다희, 진설, 착한물고기, 채푸름, 최용호, 추현호, 하랑하온, 홍경흠, 황성수, 황은경, 황종옥, 황혜선 외 27명

『아버지의 상자』 북펀딩에 참여해주신 모든 분들께
진심으로 감사드립니다.